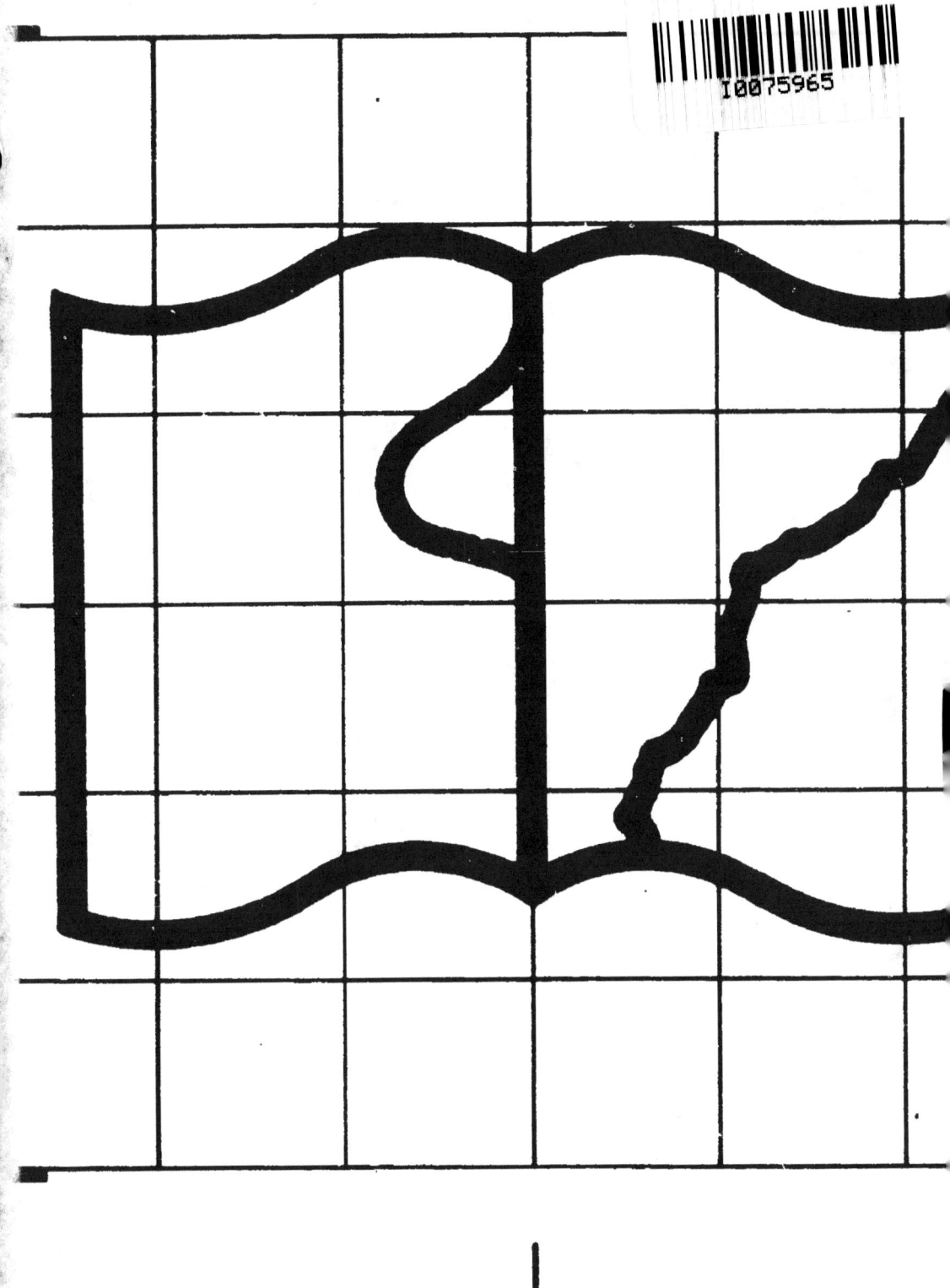

C. COLSON

INSPECTEUR GÉNÉRAL DES PONTS ET CHAUSSÉES
CONSEILLER D'ÉTAT
MEMBRE DE L'INSTITUT

Supplément aux Livres IV, V et VI

DU

COURS D'ÉCONOMIE POLITIQUE

de l'École des Ponts et Chaussées

STATISTIQUES DE L'ANNÉE 1913
ET RELEVÉS RÉTROSPECTIFS
EN FRANCE ET A L'ÉTRANGER

*LE COMMERCE INTERNATIONAL ET LA MARINE MARCHANDE
LA DETTE, LE BUDGET ET LES IMPOTS EN FRANCE
LES VOIES DE COMMUNICATION ET LES TRANSPORTS*

Prix : 1 fr. 75

PARIS

GAUTHIER-VILLARS
Imprimeur-libraire de l'École Polytechnique
QUAI DES GRANDS-AUGUSTINS, 55

FÉLIX ALCAN
Éditeur
BOULEVARD SAINT-GERMAIN, 108

Tous droits réservés

1918

ENCYCLOPÉDIE DES TRAVAUX PUBLICS
Fondée par M.-C. LECHALAS,
Inspecteur général des Ponts et Chaussées en retraite

COURS

D'ÉCONOMIE POLITIQUE

PROFESSÉ A L'ÉCOLE NATIONALE DES PONTS ET CHAUSSÉES

PAR

C. COLSON

Inspecteur général des Ponts et Chaussées,
Conseiller d'État,
Ancien Directeur des Chemins de fer au Ministère des Travaux publics,
Membre de l'Académie des Sciences morales et politiques.

SIX LIVRES IN-8 (25 × 16) SE VENDANT SÉPARÉMENT.

Edition définitive revue et considérablement augmentée

LIVRE I : *Théorie générale des phénomènes économiques.* 547 pages, 1916 . . . . 7 fr. 50
LIVRE II . *Le Travail et les questions ouvrières.* 531 pages, 1917 . . 7 fr. 50
LIVRE III : *La Propriété des capitaux, des agents naturels et des biens incorporels.* 456 pages, 1918 . . . . 7 fr. 50

Editions antérieures

LIVRE IV : *Les Entreprises, le commerce et la circulation.* 442 pages, 1903 ; réimprimé avec un appendice en 1911 . . . . 6 fr.
LIVRE V : *Les Finances publiques et le budget de la France.* 2ᵉ édition. 466 pages, 1909 . . . . 6 fr.
LIVRE VI : *Les Travaux publics et les transports.* 2ᵉ édition. 528 pages, 1910 . . . . 6 fr.

SUPPLÉMENT AUX LIVRES IV, V, VI. L'édition définitive des trois derniers Livres étant encore en préparation, un supplément donne les derniers chiffres antérieurs à la guerre (année 1913) concernant : 1º l. statistique du Commerce international et de la Marine marchande, en France et à l'étranger ; 2º la dette publique, les dépenses et les impôts en France ; 3º les voies de communication et la statistique des transports en France et à l'étranger, — le tout avec des ⁻ux récapitulatifs pour les années antérieures. Une brochure de 48 pages, ⁻parément . . . . 1 fr. 75

⁻VAL. — IMPRIMERIE L. BARNÉOUD ET Cⁱᵉ.

C. COLSON
INSPECTEUR GÉNÉRAL DES PONTS ET CHAUSSÉES
CONSEILLER D'ÉTAT
MEMBRE DE L'INSTITUT

Supplément aux Livres IV, V et VI
DU
COURS D'ÉCONOMIE POLITIQUE
de l'École des Ponts et Chaussées

STATISTIQUES DE L'ANNÉE 1913
ET RELEVÉS RÉTROSPECTIFS
EN FRANCE ET A L'ÉTRANGER

*LE COMMERCE INTERNATIONAL ET LA MARINE MARCHANDE
LA DETTE, LE BUDGET ET LES IMPOTS EN FRANCE
LES VOIES DE COMMUNICATION ET LES TRANSPORTS*

Prix : 1 fr. 75

PARIS

GAUTHIER-VILLARS
Imprimeur-libraire de l'École Polytechnique
QUAI DES GRANDS-AUGUSTINS, 55

FÉLIX ALCAN
Éditeur
BOULEVARD SAINT-GERMAIN, 108

Tous droits réservés

1918

COURS D'ÉCONOMIE POLITIQUE

SUPPLÉMENT AU LIVRE IV

COMMERCE INTERNATIONAL

VARIATION DES VALEURS EN DOUANE EN FRANCE
de 1912 à 1913

Comparaison de l'*évaluation provisoire* du commerce spécial de la France en 1913, faite d'après les prix arrêtés par la *Commission permanente des valeurs en douane* pour 1912, avec *l'évaluation définitive* faite d'après les prix arrêtés pour 1913.

NATURE DES MARCHANDISES	ÉVALUATION PROVISOIRE		ÉVALUATION DÉFINITIVE		AUGMENTATION (+) ou DIMINUTION (—)	
	Import.	Export.	Import.	Export.	Import.	Export.
	millions	millions	millions	millions	0/0	0/0
Objets d'alimentation.	1.916	833	1.847	839	— 5,2	+ 0,7
Matières nécessaires à l'industrie.	4.942	1.883	4.946	1.858	+ 0,1	— 1,3
Objets fabriqués.	1.650	3.593	1.658	3.617	+ 0,5	+ 0,7
Colis postaux.	»	566	»	566	»	»
Totaux.	8.508	6.875	8.421	6.880	— 1	0

TABLEAU GÉNÉRAL DU COMMERCE EXTÉRIEUR DE LA FRANCE EN 1913

NATURE DES MARCHANDISES	COMMERCE GÉNÉRAL					COMMERCE SPÉCIAL				
	VALEURS Millions de francs		POIDS Milliers de tonnes			VALEURS Millions de francs		POIDS Milliers de tonnes	
	IMPORTATION	EXPORTATION	IMPORTATION	EXPORTATION		IMPORTATION	EXPORTATION	IMPORTATION	EXPORTATION
Objets d'alimentation.	2.418	1.423	6.842	2.382		1.817	839	5.512	1.457
Matières nécessaires à l'industrie.	5.477	2.390	40.016	20.878		4.946	1.858	37.161	18.299
Objets fabriqués.	2.829	5.447	1.766	2.727		1.658	4.183	1.548	2.319
Totaux.	10.724	9.260	48.624	26.187		8.421	6.880	44.221	22.075
Excédent des importations.	1.464		24.437			1.541		22.146	
Rapport des exportations aux importations	86,5 0/0		54 0/0			82 0/0		50 0/0	

ÉLÉMENTS PRINCIPAUX

DU COMMERCE EXTÉRIEUR DE LA FRANCE

(Commerce spécial en 1913 ; valeur en millions de francs).

MARCHANDISES	IMPORTATIONS	EXPORTATIONS	EXCÉDENT des importations	EXCÉDENT des exportations
Céréales	566	11	555	»
Vins	276	203	73	»
Eaux-de-vie et liqueurs	21	62	»	41
Sucres bruts ou raffinés	34 (1)	75	»	41
Café (2)	207	»	207	»
Bois communs ou exotiques	210	73	137	»
Caoutchouc, gutta-percha bruts	125	75	52	»
Graines et fruits oléagineux	388	3	385	»
Houilles et cokes	584	47	537	»
Métaux non précieux, outils et ouvrages en métaux, machines	757	428	329	»
Automobiles	19	227	»	208
Produits chimiques (3)	157	213	»	56
Peaux et pelleteries brutes	249	180	69	»
Peaux préparées et ouvrages en peaux et en cuir	201	319	»	118
Soies, fils et bourre de soie	366	203	163	»
Tissus de soie (y compris les expéditions en colis postaux)	49	386	»	337
Laines en masse et peignées, déchets de laines	700	310	390	»
Fils de laine	6	102	»	96
Tissus de laine	51	220	»	169
Cotons en laine	577	102	475	»
Fils de coton	33	24	9	»
Tissus de coton	57	386	»	329
Lin, chanvre, jute, phormium	211	27	184	»
Fils et tissus de lin, chanvre, jute, phormium, cordages	40	106	»	66
Vêtements, lingerie confectionnés	11	253	»	242
Modes et fleurs artificielles	1	76	»	75
Meubles, ouvrages en bois, tabletterie, bimbeloterie, parapluies, articles de Paris	59	255	»	196
Colis postaux (contenu inconnu)	40	566	»	526

(1) Presqu'uniquement sucres bruts des colonies françaises.
(2) Au commerce général, par suite de l'importance de l'entrepôt du Havre, les entrées de café ont atteint 337 millions et les sorties 115 millions.
(3) Non compris les nitrates de soude du Chili (importation, 83 millions).

COMMERCE DE LA FRANCE AVEC LES DIVERS PAYS

Commerce spécial, sauf indication contraire, en 1913
millions de francs (1)

PAYS	IMPORTATIONS en France		EXPORTATIONS de France		EXCÉDENT des importat. (2)	
	Statistiques françaises	Statistiques étrangères	Statistiques françaises	Statistiques étrangères	Statistiques françaises	Statistiques étrangères
Angleterre	1.115	730	1.454	1.030	— 339	—300
Allemagne	1.069	975	867	721	202	254
Belgique	556	766	1.108	1.000	— 552	—234
Pays-Bas	114	63	83	69	31	— 6
Suisse	135	141	406	348	— 271	—207
Italie	241	231	306	283	— 65	— 52
Espagne	282	328	151	204	131	124
Autriche-Hongrie	104	84	44	119	60	— 35
Russie	458	291	83	152	375	139
Suède	111	92	25	49	86	43
Turquie	94	»	83	»	11	»
États-Unis	895	740 (3)	423	636(3)	472	104(3)
République Argentine	369	188	200	190	169	— 2
Brésil	174	200 (4)	86	165(4)	88	35(4)
Chili	107	46	39	34	68	12
Australie	283	244	15	16	268	228
Egypte	94	71	56	64	38	7
Indes anglaises	388	265 (5)	49	39(5)	339	226
Chine	238	155	21	20	217	135
Japon	124	155	15	15	109	140
Autres pays	643	»	390	»	253	»
Totaux pour l'étranger	7.594	»	5.904	»	1.690	»
Algérie	331	»	553	»	— 222	»
Tunisie	81	»	100	»	— 19	»
Afrique occidentale	92	»	50	»	42	»
Madagascar	30	»	36	»	— 6	»
Indo-Chine	104	»	86	»	18	»
St-Pierre (6)	43	»	4	»	39	»
Autres colonies	116	»	66	»	50	»
Totaux pour les colonies	797	»	895	»	— 98	»
Zone franche	30	»	57	»	— 27	»
Provisions de bord	»	»	24	»	— 24	»
Totaux généraux	8.421	»	6.880	»	1.541	»

(1) Les chiffres donnés par les statistiques étrangères en monnaie d'argent ou en papier-monnaie déprécié ont été convertis, en tenant compte du cours moyen du change.
(2) Le signe — indique les excédents des exportations sur les importations en France.
(3) Année finissant le 30 juin.
(4) Commerce général, seul fourni par les statistiques.
(5) Commerce général, seul fourni : année finissant le 31 mars.
(6) Avec la grande pêche.

DÉVELOPPEMENT PROGRESSIF DU COMMERCE EXTÉRIEUR DE LA FRANCE

D'APRÈS LES moyennes FIGURANT DANS LES STATISTIQUES DÉCENNALES

ANNÉES	COMMERCE GÉNÉRAL Millions de francs			COMMERCE SPÉCIAL Millions de francs			MÉTAUX PRÉCIEUX Millions de fr.	VARIATION DES VALEURS EN DOUANE (2)	
	IMPORTATIONS	EXPORTATIONS	EXCÉDENT DES IMPORTAT. (1)	IMPORTATIONS	EXPORTATIONS	EXCÉDENT DES IMPORTAT. (1)	EXCÉDENT DES IMPORT.	IMPORTATIONS 0/0	EXPORTATIONS 0/0
1827-1836	667	698	− 31	480	521	− 41	111	»	»
1837-1846	1.088	1.024	64	776	713	63	96	»	»
1847-1856	1.503	1.672	− 169	1.077	1.224	− 147	139	+ 31	+ 16,5
1857-1866	2.987	3.293	306	2.200	2.430	− 230	185	− 9,5	− 17,5
1867-1876	4.262	4.202	60	3.408	3.307	101	347	− 6,5	− 17,5
1877-1886	5.448	4.383	1.065	4.460	3.347	1.113	102	− 17	− 15,5
1887-1896	5.157	4.510	647	4.106	3.407	699	100	− 15,5	− 7
1897-1906	5.881	5.580	301	4.612	4.247	365	259	+ 19	+ 10
1907-1909	7.637	7.119	518	6.037	5.455	582	534	− 0,4	+ 0,4
1910	9.103	8.105	998	7.173	6.234	939	16	+ 6,4	+ 3,8
1911	9.840	8.012	1.798	8.066	6.077	1.989	177	− 1,2	− 1,5
1912	10.294	8.824	1.470	8.231	6.713	1.518	206	+ 3,5	+ 4,2
1913	10.724	9.260	1.464	8.421	6.880	1.541	544	− 1	0

(1) Le signe − indique les excédents de la moyenne des exportations sur celle des importations.

(2) Le signe + indique la hausse des prix et le signe − leur baisse au cours de chacune des périodes envisagées. Les différences afférentes à chaque année ont été calculées pour le commerce spécial : 1° jusqu'en 1863, en prenant le rapport entre l'évaluation faite avec les valeurs officielles fixes en usage de 1827 à 1846 et l'évaluation faite au moyen des valeurs arrêtées pour l'année en question ; 2° à partir de 1864, en prenant le rapport entre l'évaluation définitive faite au moyen des valeurs arrêtées pour l'année en question et l'évaluation provisoire faite au moyen des valeurs arrêtées pour l'année précédente ; le produit des rapports ainsi obtenus pour chacune des 10 années donne la variation totale des prix entre la dernière année de la période décennale précédente et la dernière année de la période envisagée.

COMMERCE EXTÉRIEUR DES PRINCIPAUX ÉTATS

COMMERCE SPÉCIAL *(millions de francs)*

PAYS		1865	1875	1885	1895	1905	1912	1913
France	Imp.	2.642	3.537	4.088	3.720	4.779	8.231	8.421
	Exp.	3.088	3.873	3.088	3.374	4.867	6.713	6.880
Angleterre (1)	Imp.	5.620	7.973	7.884	9.004	12.287	15.960	16.630
	Exp.	4.050	5.642	5.375	5.700	8.318	12.280	13.240
Allemagne	Imp.	»	4.364	3.628	5.089	8.804	13.364	13.460
	Exp.	»	3.081	3.532	4.098	7.078	11.072	12.620
Pays-Bas (3)	Imp.	804	1.434	2.274	3.007	5.381	7.515	8.150
	Exp.	695	1.115	1.856	2.454	4.153	6.495	6.412
Belgique (3)	Imp.	756	1.307	1.347	1.680	3.068	4.958	5.050
	Exp.	602	1.102	1.200	1.385	2.334	3.951	3.715
Suisse	Imp.	»	»	720	916	1.380	1.979	1.920
	Exp.	»	»	634	663	969	1.358	1.376
Espagne (2) (3)	Imp.	340	478	765	769	1.059	1.042	1.308
	Exp.	285	448	698	754	955	1.046	1.195
Italie	Imp.	965	1.207	1.571	1.487	2.065	3.702	3.646
	Exp.	557	1.022	1.134	1.038	1.731	2.397	2.512
Autr.-Hongrie (4)	Ir. p.	544	1.154	1.172	1.517	2.253	3.734	3.576
	Exp.	723	1.157	1.411	1.558	2.356	2.871	2.908
Russie (5) (tout l'empire)	Imp.	378	1.316	1.161	1.436	1.693	3.125	3.669
	Exp.	492	1.015	1.403	1.871	2.872	4.050	4.060
Etats-Unis (6)	Imp.	1.236	2.688	2.994	3.788	5.634	8.500	9.151
	Exp.	864	2.586	3.765	4.110	7.727	11.242	12.580
Canada (6)	Imp.	»	640	532	545	1.303	2.700	3.470
	Exp.	»	410	421	534	989	1.503	1.843
Brésil (2)	Imp.	»	»	»	»	747	1.595	1.690
	Exp.	»	»	»	»	1.116	1.878	1.633
République-Argentine (3)	Imp.	»	279	464	475	1.026	1.925	2.107
	Exp.	»	254	419	600	1.614	2.402	2.418
Japon	Imp.	»	160	176	340	1.258	1.595	1.883
	Exp.	»	95	195	356	821	1.353	1.633
Chine	Imp.	»	520	484	699	1.690	1.822	2.177
	Exp.	»	530	356	583	861	1.426	1.538
Indes-Anglaises (2) (3)	Imp.	»	1.120	1.755	1.135	2.419	3.325	3.840
	Exp.	»	1.460	2.149	1.599	2.930	4.010	4.318
Australie (3) (7)	Imp.	»	630	890	580	966	1.960	2.042
	Exp.	»	600	660	840	1.433	1.983	1.981

(1) Importations totales, diminuées du montant des produits étrangers ou coloniaux réexportés ; exportations de produits du Royaume-Uni.
(2) Commerce général. Pour l'Espagne, général jusqu'en 1885, spécial depuis 1895 ; en 1895, le commerce général atteignait 838 millions d'importations et 805 d'exportations.
(3) Y compris les monnaies et métaux précieux.
(4) L'ancien florin est compté pour 2 fr. 10.
(5) Le rouble est compté pour 2 fr. 67.
(6) Année finissant le 30 juin. — (7) Jusqu'à 1895, total du commerce des 6 colonies indépendantes, diminué de leurs échanges entre elles.

MARINE MARCHANDE

EFFECTIF DE LA MARINE FRANÇAISE AU 31 DÉCEMBRE 1913

EMPLOI DES NAVIRES	NAVIRES A VOILES		NAVIRES A VAPEUR		HOMMES D'ÉQUIPAGE
	Nombre	Tonnage net	Nombre	Tonnage net	Nombre
Pêche côtière, petite pêche et grande pêche....	30.835	183.200	438	17.600	91.000
Marine marchande					
Bornage et cabotage.	1.251	66.100	185	29.200	5.500
Navigation dans les mers de l'Europe..	132	11.400	291	318.900	8.600
Long cours.....	235	345.200	234	595.700	18.300
Pilotage, service des ports.......	356	6.000	512	11.200	4.000
Yachts, navires sans emploi......	1.830	17.500	235	17.900	1.400
TOTAUX pour la marine marchande.	3.804	446.200	1.457	972.900	37.800 (1)
TONNAGE BRUT total pour la marine marchande......	»	513.200	»	1.690.200	»

(1) Dont 11.700 mécaniciens et chauffeurs.

SACRIFICES DE L'ÉTAT EN 1913
pour le développement de la marine marchande

Subventions aux services réguliers (1)...	30,1	millions
Primes à la construction........	18,1	—
Primes à la navigation et { navires à voiles.	3,4	—
compensation d'armement { navires à vapeur	14,7	—
TOTAL.....	66,3	—

(1) Une petite fraction de ces subventions constitue le payement des transports effectués pour la Poste française par les paquebots ; le surplus a le caractère de véritables subventions.

DÉVELOPPEMENT PROGRESSIF DE LA MARINE MARCHANDE FRANÇAISE DEPUIS 1845

ANNÉES	NAVIRES A VOILES		NAVIRES A VAPEUR			ENSEMBLE	
	Nombre	Tonnage net	Nombre	Tonnage net	Force des machines : chevaux-vapeur	Nombre	Tonnage net
1845	7.537	557.000	103	9.000	»	7.640	566.000
1855	7.968	785.000	225	45.000	24.000	8.193	830.000
1865	6.092	725.000	385	108.000	48.000	6.477	833.000
1875	5.438	681.000	524	205.000	71.000	5.962	892.000
1885	3.849	371.000	922	492.000	213.000	4.771	863.000
1895	3.218	252.000	1.164	500.000	467.000	4.382	752.000
1905	3.468	518.000	1.266	705.000	849.000	4.734	1.223.000
1911	3.608	466.000	1.416	824.000	1.464.000	5.024	1.290.000
1912	3.492	457.000	1.438	889.000	1.276.000	4.930	1.346.000
1913	3.804	446.000	1.457	973.000	1.367.000	5.261	1.419.000

Nota. — De 1835 à 1865, les chiffres donnés par les statistiques renferment les navires affectés à la grande pêche, qui n'y figurent plus depuis 1875 : leur nombre, en 1875, était de 393, jaugeant 49.500 tonneaux ; il a été, en 1913, de 351, jaugeant 56.600 tonneaux, avec 8.650 hommes d'équipage.

Entre 1885 et 1895, les modifications apportées au calcul du tonnage net en ont diminué le total, pour les mêmes navires, d'environ 21 p. 100 pour les navires à vapeur et 15 p. 100 pour les voiliers ; une modification en sens inverse, réalisée en 1904, a relevé le tonnage net de 10 p. 100 pour les navires à vapeur et de 14 p. 100 pour les voiliers, ce qui laisse subsister, par rapport aux procédés employés en 1885, une réduction de 13 p. 100 pour les navires à vapeur et de 3 p. 100 seulement pour les voiliers. Ces changements expliquent les divergences entre la progression inscrite à ce tableau et celle qui figure au tableau de la page suivante, pour le tonnage *brut*.

DÉVELOPPEMENT DE LA MARINE MARCHANDE DES PRINCIPAUX PAYS DEPUIS 1876

Navires inscrits au répertoire de la marine marchande du Bureau Véritas. Situation au début de chaque année.

PAYS	NAVIRES A VAPEUR DE PLUS DE 100 TONNEAUX (net) Tonnage brut (milliers de tonneaux).				NAVIRES A VOILES DE PLUS DE 50 TONNEAUX (net) Tonnage net (milliers de tonneaux).				CONSTRUCTION EN 1913 (milliers de tonneaux).	
	1876	1886	1896	1906	1914	1876	1886	1896	1906	1914	Vapeurs de plus de 100 ton. *bruts*	Voiliers de plus de 50 ton. *bruts*
France	334	744	993	1.234	1.861	725	386	253	518	434	106	6
Angleterre	3.363	6.544	10.246	15.748	19.989	5.807	4.654	3.268	1.807	885	1.622	7
Allemagne	227	602	1.360	3.415	5.073	875	830	567	517	443	304	9
Pays-Bas	135	211	321	686	1.508	400	276	140	83	51	103	1
Norvège	56	147	495	1.147	1.914	1.411	1.374	1.176	755	560	69	4
Suède	89	137	234	624	1.016	399	404	286	260	151	25	2
Danemark	61	128	249	577	745	189	155	150	114	80	27	2
Russie	106	165	277	763	971	392	469	363	365	589	16	»
Autriche-Hongrie	81	135	254	603	1.017	339	193	68	16	9	49	»
Italie	98	204	345	774	1.443	1.292	825	472	488	264	33	6
Espagne	170	400	519	664	876	557	270	167	83	31	5	»
Etats-Unis (1)	790	502	762	1.764	2.380	2.330	2.060	1.368	1.499	1.019	137	46
Japon	»	92	314	903	1.684	»	30	33	167	486	45	»
Total pour l'ensemble du globe (2)	5.687	10.404	17.089	30.256	42.743	15.553	12.571	9.437	7.550	5.234	2.559	80
Nombre total des navires (2)	5.774	8.475	11.453	14.686	17.596	58.208	42.545	29.348	26.579	20.674	1.007	253

(1) Non compris les navires naviguant sur les grands lacs, qui figurent habituellement dans les statistiques américaines.
(2) Pour la construction, les totaux ne concernent que les pays inscrits au tableau, plus la Belgique (18 000 tonneaux vapeurs).

SUPPLÉMENT AU LIVRE V

BUDGET DE LA FRANCE

RECETTES ET DÉPENSES DE L'ÉTAT

RECETTES (*millions*)	1912 Comptes (1)	EXERCICE 1913 Budget	EXERCICE 1913 Comptes (1)	1914 Budget
1. Produits des impôts	3.338	3.271	3.524	3.509
2. Produits des monopoles et exploitat. industrielles de l'Etat.	1.005	968	1.035	1.032
3. Produits et revenus du domaine de l'Etat	62	68	62	64
4. Produits divers du budget	68	68	71	68
5. Ressources exceptionnelles	153	262	186	411
6. Recettes d'ordre	129	99	114	105
Fonds de concours	100	»	97	»
Produits recouvrés en Algérie	3	3	3	3
Totaux	4.858	4.739	5.092	5.192
DÉPENSES (*millions*)				
1. Dette publique	1.273	1.296	1.284	1.307
2. Pouvoirs publics	20	20	20	20
3. Services généraux des Ministères	2.804	2.725	3.085	3.141
4. Frais de régie, de perception et d'exploitation des impôts et revenus publics	593	650	627	675
5. Remboursements et restitutions, non-valeurs et primes	53	48	51	49
Totaux	4.743	4.739	5.067	5.192
Dépenses hors budget prévues à l'état G pour l'occupation du Maroc				231
Total réel				5.423

RECETTES ET DÉPENSES DES LOCALITÉS
(*millions de francs*)

	Recettes	Dépenses
Budget primitif des Communes pour 1913; recettes et dépenses *ordinaires* (emprunts et dépenses extraordinaires non compris). Paris	411	411
autres	660	628
Comptes des départements pour 1913 (emprunts compris)	613	614
Budgets totaux des Chambres de Commerce (évaluation ne comprenant pas les emprunts)	40	40
Totaux	1.724	1.693

(1) Non compris les dépenses faites et non payées avant la clôture de l'exercice, qui ont atteint en 1913, pour le Ministère de la guerre seul, le chiffre anormal de 261 millions, au lieu de 16 en 1912, par suite des mesures hâtives rendues nécessaires par l'augmentation des effectifs résultant de la loi portant à trois années la durée du service militaire.

DETTES DE L'ÉTAT AU 31 DÉCEMBRE 1913

(non compris les pensions civiles et militaires comptées page 14)

NATURE DES DETTES	CAPITAL (millions)	CHARGES ANNUELLES (millions)		
		Intérêts	Amortissement	Total
Rente 3 0/0 perpétuelle	21.922	657	»	657
Rente 3 0/0 amortissable	3.339	101	50	151
Annuités aux Cies de chemins de fer	2.194	101	19	120
Annuité de rachat de l'Ouest	2.672	80	36	116
Oblig. des chemins de fer de l'Etat	300	12	2	14
Annuités pour constructions d'écoles, rachats de canaux et avances diverses	33	1	1	2
Annuités dues à la Caisse des Dépôts	664	21	40	61
Avances de la Banque de France	200	»	»	»
Cautionnements en numéraire	100	2	»	2
Obligations à court terme	209	5	6	11
Dette flottante proprement dite	2.081	19	»	19
Totaux	33.714	999	154	1.153

Sommes dépensées en 1913 pour les garanties d'intérêts dans la métropole et pour les pensions d'origne politique ou répondant à des services supprimés (Cultes) ayant le caractère de dettes non évaluables en capital 40

Total général des charges annuelles . 1 193

PRODUIT DES BIENS ET CRÉANCES DE L'ÉTAT
EN 1913

Produit net de l'exploitation des forêts (1)	19,5	millions
Produit net des deux réseaux des chem. de fer de l'Etat (1)(2)	47	—
Versements de l'Imprimerie nationale, de la Monnaie, de la Caisse des Dépôts en Consignations ; revenus du domaine qui ne sont pas portés en déduction de dépenses ; produits des placements de fonds ; dépôts abandonnés	34	—
Remboursement par annuités d'une créance sur le gouvernement chinois	19,5	—
Remboursements par annuités d'avances faites aux départements et aux communes	14,5	—
Remboursements d'avances par les Compagnies de chemins de fer ou partage de leurs bénéfices	20,5	—
Total	135	millions

DETTES DES LOCALITÉS AU 31 DÉCEMBRE 1913

Ville de Paris	2.948 millions	Ensemble 6.214 millions
Autres communes	1.944 —	
Départements	1.142 —	
Chambres de Commerce (évaluation)	180 —	

(1) Produits nets calculés en ne comprenant dans les dépenses d'exploitation, ni le coût des améliorations, ni les charges des capitaux.

(2) L'inscription dans les comptes des chemins de fer de l'Etat de l'annuité de rachat de l'Ouest et des charges leur incombant pour les travaux neufs, par assimilation avec les grandes Compagnies, fait apparaître les déficits indiqués page 34 ci-après.

DÉPENSES DES SERVICES PUBLICS NATIONAUX

COMPTES DE 1913. *charges de la dette non comprises* (1)

Dépenses militaires. — Millions de francs

Ministère de la Guerre	1.523	
Ministère des Colonies	85	
Marine (sans les services de la marine marchande)	515	2.280
Pensions et Légion d'honneur	195	
A déduire, retenues, fonds de concours, aliénations	— 38	

Dépenses civiles de souveraineté.

Pouvoirs publics	20	
Affaires étrangères (diminuées des recettes de chancellerie)	19	
Intérieur (avec les subventions aux localités et sous déduction de leurs concours et des recettes du *Journal officiel*)	49	
Justice, prisons et déportation (diminuées des amendes et frais recouvrés et du produit net du travail des détenus)	55	405
Commerce, Marine marchande, Travail, Agriculture (non compris les primes, les subventions et l'enseignement)	32	
Colonies et Algérie (subventions aux budgets locaux et garanties d'intérêts à diverses entreprises, diminuées des recettes et concours tirés par l'Etat de ces dépendances)	22	
Finances (service général, frais de régie et de perception et répartitions faites aux agents sur les amendes)	208	

Dépenses répondant à des services rendus aux particuliers.

Travaux publics. — Entretien et administration des voies publiques et contrôle des concessions (mines comprises). . . 98
Bâtiments civils et palais nationaux. 12
Travaux neufs, y compris les travaux hydrauliques, les dépenses faites par les administrations des chemins de fer puro le compte de l'Etat, les concours des Chambres de commerce, le reboisement et les subventions pour les chemins vicinaux et pour les alimentations en eau des communes. . . . 204 } 314

Instruction publique. — Enseignement primaire . . . 252
Autres services (y compris l'enseignement agricole, commercial et artistique, ainsi que les établissements scientifiques, musées, manufactures artistiques, etc.) . . . . . 98 } 350

Subventions à la marine marchande, à la sériciculture, à la culture du lin, à la dénaturation de l'alcool, à l'élevage du cheval (diminuées des recettes des haras), aux travaux et institutions agricoles (diminuées des remboursements d'avances), aux théâtres, concerts, etc. 114   114

Assistance : Concours de l'Etat aux œuvres d'assistance ou de mutualité; secours aux victimes de calamités; subventions aux Invalides de la Marine; allocations aux œuvres de charité prélevées sur les jeux et le pari mutuel 204   204

TOTAL 3.667

(1) Les dépenses de chaque service comprennent : 1° les restes à payer en fin d'exercice sur les droits acquis aux créanciers de l'Etat; 2° les pensions ou secours alloués aux anciens agents de ce service et à leurs familles. Elles sont diminuées : 1° des retenues subies par les agents pour les pensions ; 2° des recettes faites par chaque service comme contre-parties de certaines charges, dont elles constituent en réalité une atténuation ; 3° des fonds de concours fournis par les localités ou les colonies pour les frais de leur police ou de leur défense.
Les dépenses de fabrication des tabacs, des allumettes et des poudres vendues aux particuliers, celles de l'exploitation des Forêts et celles des Postes, Télégraphes et Téléphones, atteignant ensemble 493 millions, ne figurent pas dans les chiffres ci-dessus : elles sont portées en déduction des recettes correspondantes aux pages 13, 15 et 16. Les versements faits aux communes sur le produit de l'impôt foncier, par suite de la suppression du budget des cultes, les remboursements et restitutions ainsi que les dépenses sur exercices clos représentant les paiements d'arrérages de dettes sont également déduits des dépenses budgétaires.

PRODUIT TOTAL DES IMPOTS EN 1913 (1)

Nature des Impôts	PART DE L'ÉTAT	PART DES LOCALITÉS (2)	TOTAL (millions)
Impôts sur les sources de la richesse.			
1. Contribution foncière { propriété non bâtie	73	210	
2. { propriété bâtie	100	119	
3. Taxes municipales sur la propriété bâtie	»	47	
4. Patentes, impôts sur les mines et sur les locaux industriels, brevets d'inventions, frais de vérifications et inspections diverses.	186	141	1.523
5. Prestations (3)	»	34	
6. Valeurs mobilières (4)	192	»	
7. Effets de Commerce et Billets de Banque.	42	»	
8. Successions et donations	357	»	
9. Mainmorte et droit d'accroissement.	22	»	
Impôts sur les signes permanents de la richesse.			
10. Contribution personnelle	19	»	
11. Contribution mobilière	88	121	
12. Portes et fenêtres	70	62	446
13. Taxes municipales sur les loyers et taxes diverses de remplacement des octrois	»	15	
14. Chevaux, voitures, vélocipèdes, chiens, cercles, billards, permis de chasse	47	24	
Impôts sur les actes et es transactions.			
15. Transmissions { immeubles (5)	191	»	
16. { à titre onéreux { valeurs mobilières	106	»	629
17. Autres droits d'enregistrement et de timbre (à l'exception de ceux qui figurent sous les Nos 6, 7, 8, 9, 14 et 22)	332	»	
Impôts de consommation.			
18. Alcool (6)	406	55	
19. Tabac (produit net, frais de régie déduits).	432	»	
20. Sucre (191 millions) ; vins, cidres et bières (82) ; sel, huile, vinaigre, stéarine, dynamite, cartes, or et argent ; droits de douane sur les cafés (156 millions), pétroles (78), cacaos, poivres, thés ; produit net des monopoles des poudres et des allumettes ; licences, frais de surveillance à la charge des industriels, amendes et confiscations ; pari mutuel et jeux ; octrois (sauf sur l'alcool) et droit des pauvres sur les spectacles.	762	289	1.944
21. Droits de douane ayant un caractère protectionniste (7)	444	»	444
22. Impôts sur les transports (8).	260	29	289
Totaux	4.129	1.146	5.275

(1) Déduction faite des remboursements, restitution et non-valeurs.
(2) Départements, communes et chambres de Commerce, y compris la part de l'impôt foncier sur les propriétés non bâties versée aux communes depuis la suppression du budget des Cultes (30 millions) Les produits des taxes de balayage (comprises sous le N° 3), du droit des pauvres (N° 20), et des droits de stationnement (N° 22) n'ont pu être portés en compte que pour Paris ; ceux des monopoles municipaux, tels que pompes funèbres, abattoirs, eaux, gaz, ne le sont pas du tout.
(3) La taxe vicinale est comprise dans les divers impôts directs.
(4) Impôt sur le revenu et droits de timbre.
(5) Y compris le droit de transcription.
(6) Y compris les droits d'octroi sur l'alcool et la taxe de dénaturation.
(7) Droits d'entrée sur les produits ayant des similaires indigènes.
(8) Voir le détail : subventions industrielles (p. 19), droits sur les routes et chemins (p. 20) ; péages, droits de navigation et connaissements (p. 22 et 24) ; frais de contrôle, impôts sur les voyageurs et les récépissés de Chemins de fer (p. 34) ; produit net des Postes et télégraphes calculés en ne comprenant dans les dépenses ni les frais des transports par chemin de fer, ni ceux des transports maritimes, qui sont rémunérés par des subventions inscrites aux budgets des Travaux publics et de la Marine marchande (voir p. 46, note 3). Nous avons ajouté à ces taxes le droit de statistique et les sommes versées par les concessionnaires de lignes d'intérêt local pour les frais de contrôle.

PROGRESSION DU PRODUIT DES IMPOTS EN FRANCE (MILLIONS DE FRANCS)

NATURE DES TAXES (1)	1825	1845	1865	1875	1885	1895	1905	1912	1913
I. Impôts sur les sources de revenus : Propriété foncière (n°s 1, 2 et 3)	283	275	300	335	372	385	471	536	549
Professions et entreprises (4 et 5)	29	81	146	236	234	254	282	343	364
Valeurs mobil. et effets de commerce	»	4	18	63	81	103	145	205	234
Successions et donations ; mainmorte	30	46	109	164	205	224	298	362	379
II. Impôts sur les signes permanents de la richesse	71	94	136	190	239	294	360	426	446
III. Impôts sur les actes et les transactions	145	201	274	393	397	397	415	566	629
IV. Impôts de consommation : Tabac et alcool	390	110	266	453	563	603	743	875	893
Autres produits (2)		345	528	895	911	1.005	848	1.030	1.054
V. Droits de douane ayant un caract. protecteur	27	70	38	30	114	201	185	392	444
VI. Impôts sur les transports et correspondances		42	85	231	197	194	262	276	289
Totaux	975	1.268	1.900	2.990	3.315	3.660	4.009	5.011	5.275
Part de l'Etat dans le total	833	1.037	1.458	2.382	2.589	2.855	3.123	3.914	4.129
Part des localités (3)	142	231	442	608	726	805	886	1.097	1.146
Part pour laquelle entrent dans le total des impôts : 1° les groupes I, II et III	57 0/0	55 0/0	52 0/0	46 0/0	46 0/0	45 0/0	49 0/0	49 0/0	49 0/0
2° les groupes IV, V et VI	43 0/0	45 0/0	48 0/0	54 0/0	54 0/0	55 0/0	51 0/0	51 0/0	51 0/0
Annuité successorale (success. et donations) (4)	1.770	2.500	3.940	5.245	6.325	6.700	6.375	6.640	6.741
							6.785		
Rapport du total des impôts à cette annuité	54 0/0	51 0/0	48 0/0	57 0/0	52 0/0	55 0/0	59 0/0		
							63 0/0	*750/0*	*780/0*

(1) Voir les détails et explications au tableau de la page précédente.

(2) Y compris : 1° pour l'Etat, les produits de la loterie et de la ferme des jeux en 1825 et les droits de sortie jusqu'en 1865 ; 2° pour la Ville de Paris, le produit de l'impôt sur la consommation du gaz perçu sous la forme de redevances payées par la compagnie jusqu'en 1895.

(3) On a transféré des recettes locales aux recettes nationales : 1° en 1890, les centimes spéciaux de l'enseignement primaire (environ 30 millions) ; 2° en 1890, les centimes pour frais de perception des impositions communales (environ 6 millions).

(4) Evaluation approximative pour 1825, faite d'après les produits des droits de 1822 à 1825 et d'après les chiffres officiels de 1826 et 1827 ; moyenne quinquennale des chiffres officiels pour la période dont l'année en question forme le milieu, depuis 1845 jusqu'à 1905, — le tout, *passif non déduit*. Les chiffres en italique pour 1905 sont les chiffres correspondants, *passif déduit*, seuls comparables avec les chiffres *annuels*, *passif déduit*, donnés pour 1912 et 1913, en italique également.

PROGRESSION DES DÉPENSES PUBLIQUES
ET RÉSULTATS RÉELS DE L'ENSEMBLE DES COMPTES DE L'ÉTAT

ANNÉE	RECETTES NORMALES (1)	DÉPENSES ORDINAIRES (1)	DÉPENSES EXTRAORDINAIRES ET HORS BUDGET (1)	AMORTISSEMENTS COMPRIS AU BUDGET	DÉFICITS OU EXCÉDENTS (2)	DÉFICIT OU EXCÉDENT TOTAL DE LA PÉRIODE (2)
	Moyennes annuelles (Millions de Francs)					Millions
1869	1.869	1.728	283	86	— 56	— 56
1870-73 (3) ..	2.064	2.587	1.812	119	— 2.216	— 8.864
1874-77	2.712	2.675	365	206	— 122	— 489
1878-90 (4)...	2.997	3.061	441	145	— 360	— 4.680
1891-96	3.310	3.344	127	63	— 98	— 589
1897-05 (5)...	3.578	3.574	116	87	— 25	— 223
1906-09	3.948	3.962	63	92	+ 15	+ 60
1910	4.251	4.295	47	138	+ 47	
1911	4.634	4.488	85	141	+ 202	+ 250
1912	4.642	4.672	115	146	+ 1	
1913 (6)...	4.851	5.006	161	154	— 162	— 162

(1) Pour les années anciennes, voir les éléments compris dans ces colonnes à la note, page 402 du livre V du Cours d'Économie politique (2ᵉ édition). De 1910 à 1912, les recettes et dépenses normales sont celles qui figurent à la loi de règlement du budget, diminuées des fonds de concours (dont la plupart figurent dans les dépenses à la page 14) et rectifiées en tenant compte des opérations hors budget effectuées au moyen : 1° de la taxe sur les alcools d'industrie ; 2° des versements de la Banque de France et des prélèvements sur le pari mutuel et sur les jeux ; les dépenses extraordinaires sont celles qui sont faites au moyen d'emprunts, de quelque nature que ce soit, remboursables sur les budgets ultérieurs (avances des Compagnies, du Trésor, etc.). Les dépenses en travaux et autres imputables au compte capital des Chemins de fer de l'Etat y ajouteraient, pour ces quatre années, 60. 137. 139 et 109 millions soit en tout 435 millions grossissant la dette publique.

(2) Nous appelons déficit et nous indiquons par le signe — la somme dont le total des dépenses ordinaires et extraordinaires, diminué de l'amortissement, dépasse les recettes normales ; il y a excédent, indiqué par le signe +, quand les recettes normales excèdent les dépenses totales, diminuées de l'amortissement.

(3) Période de la guerre et du paiement de l'indemnité de guerre ; cette indemnité figure dans les dépenses extraordinaires.

(4) Période du budget extraordinaire pour les travaux publics, etc.

(5) Aux amortissements de cette période s'est ajouté un véritable amortissement hors budget, résultant de la convention de 1897 par laquelle le P.-L.-M, pour rembourser sa dette de garantie (151 millions) a pris à sa charge 6 millions d'annuités à elle dues par l'État. Une opération ayant des résultats opposés a été faite en 1912 avec la Cⁱᵉ de l'Est, à laquelle l'État a demandé de rembourser par anticipation sa dette en capital (159 millions) pour combler les déficits budgétaires.

(6) Il faudrait ajouter au déficit de cet exercice 240 à 250 millions, pour tenir compte du chiffre absolument anormal des restes à payer du Ministère de la Guerre (voir note, p. 12), ce qui porterait ce déficit à plus de 400 millions.

SUPPLÉMENT AU LIVRE VI

ROUTES, CHEMINS ET RUES

1° ROUTES NATIONALES

LONGUEUR OUVERTE A LA CIRCULATION

En 1814	27.200 kilomètres	
1869	38.500	—
1871	37.300	—
1913	38.200	— (dont 3.000 pavés)

DÉPENSES
(avec celles des ponts)

ÉTABLISSEMENT ET AMÉLIORATION

De 1821 à 1847, moyenne annuelle :		10	millions
1848 à 1887	— —	7 à 8	—
1888 à 1905	— —	3 à 4	—
1906 à 1912	— —	2	—

Le *total général*, pour cette période, est de 650 millions environ. Il a été dépensé en outre 12 millions pour le rachat de ponts à péages.

Dépense en 1913 : 2.500.000 francs.

ENTRETIEN, GROSSES RÉPARATIONS ET ADMINISTRATION

Dépense annuelle, personnel compris, environ 47 millions.

FRÉQUENTATION
(*Recensement de la circulation de 1913*)

Circulation moyenne, par jour (non compris le trafic des voies ferrées établies sur les routes).

Voitures chargées de marchandises (colliers) (1).	115
Voitures publiques pour voyageurs (id.) . .	6
Voitures vides ou voitures particulières (id.) . .	120
Automobiles (nombre) (2)	36
Motocycles (id.)	3
Bicyclettes (id.)	80
Chevaux, bœufs et ânes non attelés (têtes). . .	30
Menu bétail (têtes).	76

Circulation moyenne annuelle sur chaque kilomètre :
   44.000 tonnes de marchandises (bétail non compris)

Circulation totale annuelle sur l'ensemble du réseau :
   1.650.000.000 tonnes kilométriques de marchandises.

(1) Chargement utile, à peu près *980 kilogrammes* par collier.
(2) Total comprenant 2,4 automobiles affectés au transport des marchandises et 0,6 faisant des services publics.

2º ROUTES DÉPARTEMENTALES ET CHEMINS VICINAUX

(Service réuni à celui des ponts et chaussées en totalité *dans 42 départements et* en partie *dans 2 autres)*

LONGUEUR A L'ÉTAT D'ENTRETIEN

	Routes départementales	Grande vicinalité	Petite vicinalité
En 1814	18.600	(?)	(?)
1869	47.000	143.000	180.000
1913	267.000 (1)		288.000
LONGUEUR CLASSÉE A CONSTRUIRE.	5.000		96.000

DÉPENSES

ÉTABLISSEMENT ET AMÉLIORATION

Routes départementales.
De 1824 à 1870 (1) environ . . . . . 500 millions

Chemins vicinaux (dépenses postérieures à la loi du 21 mai 1836).
De 1837 à 1868 (évaluation) . . . . 1.500 —
De 1869 à 1910 environ . . . . . . 1.900 — (2)
En 1911 . . . . 31 — (3)
En 1912 . . . . 32 — (3)
En 1913 . . . . 33 — (3)

ENTRETIEN ET ADMINISTRATION

Dépense annuelle, personnel compris : environ 185 millions.

RECETTES

Subventions industrielles pour la réparation des dégradations extraordinaires causées aux chemins vicinaux par les transports de certaines industries, chaque année un peu plus de . . 1 million

---

(1) Depuis que la loi du 11 juillet 1868 a alloué des subventions pour l'établissement des chemins vicinaux, on a presque complètement cessé de construire des routes départementales ; les anciennes ont même été déclassées et transformées en chemins vicinaux, depuis la loi du 10 août 1871, dans 67 départements.

(2) Comprenant environ 500 millions de subventions de l'Etat. Le chiffre 1900 millions comprend les travaux des routes départementales depuis 1871.

(3) Comprenant environ 11 millions de subventions de l'Etat par an.

3° RUES DE PARIS

(y compris les prolongements des routes nationales à l'intérieur des fortifications, qui n'ont pas été comptés page 18)

DÉVELOPPEMENT A LA FIN DE 1910

Longueur des chaussées. . . . 1.013 kilomètres
Surface des chaussées . . . . 938 hectares
Surface des trottoirs et bas côtés . 626 —

DÉPENSES

EXPROPRIATIONS ET TRAVAUX NEUFS (1)

De 1821 à 1851 (évaluation) . . 200 millions
1852 à 1870 — . . 1.350 (2) —
1871 à 1910 — . . 630 —
1911. . . . . 21 —
1912. . . . . 44 —
1913. . . . . 52 —

ENTRETIEN, ADMINISTRATION, ÉCLAIRAGE

Dépense annuelle, personnel compris : environ 38 millions (3).

RECETTES

Droits de stationnement des voitures et tramways

Produit annuel, près de 6 millions

4° DÉPENSES ET RECETTES DE L'ÉTAT EN 1913

SE RATTACHANT AUX TRANSPORTS SUR LES ROUTES, CHEMINS ET RUES

DÉPENSES : Subventions aux *services publics d'automobiles* . . . . 700.000 francs
RECETTES : Impôt sur les *voitures publiques ou de louage*. . . . . 4.700.000 —

Le produit du droit de timbre des *lettres de voitures* pour le roulage est négligeable.

---

(1) Dans ces chiffres ne figurent pas les dépenses afférentes aux égouts et à la distribution des eaux, du gaz et de l'énergie électrique, qui atteignaient à la fin de 1913 environ 1.100 millions, champs d'épuration, usines, travaux d'adduction et canalisations compris.
(2) Comprenant 101 millions de subventions de l'Etat.
(3) Comprenant 3 millions de subvention de l'Etat. Les dépenses comprennent le nettoiement et l'enlèvement des ordures (16 millions), mais ne comprennent ni l'éclairage de la voie publique (7 millions), ni les dépenses d'entretien des promenades.

NAVIGATION INTÉRIEURE

VOIES NAVIGABLES
ÉTAT AU 31 DÉCEMBRE 1913

LONGUEUR	Classées	Fréquentées
Rivières navigables (kilomètres)	8.720	6.140
Rivières flottables —	3.050	300
Canaux . . . . —	4.970	4.880
	16.740	11.320

DÉVELOPPEMENT PROGRESSIF
DES CANAUX LIVRÉS A LA NAVIGATION

En 1821	. . .	1.200 kilomètres	(dont	630	concédés)
1847	. . .	3.750	—	(— 1.300	—)
1869	. . .	4.550	—	(— 1.000	—)
1871	. . .	4.150	—	(— 1.000	—)
1889	. . .	4.800	—	(— 850	—)
1913	. . .	4.880	—	(— 250	—)

EFFECTIF DE LA BATELLERIE
1° NON COMPRIS LES BATEAUX A VAPEUR

Années	Nombre	Port maximum en lourd
1887	15.730	2.724.000 tonnes
1891	15.925	2.996.000 —
1896	15.793	3.442.000 —
1902	15.380	3.851.000 —
1907	15.310	3.842.000 —
1912	15.141	4.035.000 —

2° BATEAUX A VAPEUR (1912)

Destination	Nombre	Puissance des machines
Bateaux à voyageurs . . .	205	13.700 chevaux
Bateaux à marchandises .	114	14.700 —
Remorqueurs	361	59.700 —
Toueurs	58	7.300 —

Personnel présent à bord des bateaux :
14.600 hommes, 8.000 femmes, 12.400 enfants.

DÉPENSES ET RECETTES

(Rivières et Canaux réunis)

DÉPENSES D'ÉTABLISSEMENT ET D'AMÉLIORATION (1)

De 1821 à 1847, moyenne annuelle : 19 millions
    1848 à 1860 — — 8 —
    1861 à 1878 — — 17 —
    1879 à 1887 — — 51 —
    1888 à 1910 — — 16 —

En déduisant de ces sommes 125 millions pour travaux dans les estuaires des grands fleuves, intéressant la navigation maritime (accès de Rouen, Nantes, Bordeaux, etc.) plutôt que la navigation intérieure, on arrive à un total général d'environ 1.600 millions. Il conviendrait d'ajouter à ce chiffre environ 100 millions, dépensés depuis 1852 pour le rachat des concessions dont plusieurs canaux avaient été l'objet.

Dépenses en 1911 : 26,7
    — *1912* : 29
    — *1913* : 28,1

DÉPENSES D'ENTRETIEN ET D'ADMINISTRATION

Dépense annuelle, personnel compris : environ 20 millions

RECETTES ANNUELLES (2)

Produits domaniaux (État) environ.   3.000.000 fr.
Impôt sur les services de voyageurs.   100.000 —
Timbre des lettres de voiture. .   100.000 —

---

(1) Ces dépenses, effectuées par l'Etat, comprennent les fonds de concours, généralement peu importants, versés par les localités ; elles ne comprennent pas les dépenses faites par la Ville de Paris ou les autres concessionnaires sur les canaux concédés. Nous en avons retranché les dépenses faites en Alsace-Lorraine ; nous y avons ajouté celles du canal de Tancarville, qui a été construit dans l'intérêt de la batellerie fluviale, et nous les avons retranchées p. 23 des dépenses des ports maritimes, sur lesquelles elles ont été imputées dans les budgets.

(2) Ces recettes ne comprennent ni les péages et droits perçus par la Ville de Paris sur les canaux à elle concédés (1.300.000 francs, dont 700.000 sont absorbés par les dépenses annuelles) et par la Chambre de Commerce de Saint-Dizier sur le canal de la Marne au Rhin (182.000 fr. en 1913), ni les taxes perçues par les Villes pour permis de stationnement et locations sur les rivières, ports et quais fluviaux.

TRAFIC DES VOIES NAVIGABLES

NATURE DES MARCHANDISES TRANSPORTÉES EN 1913

	Marchandises embarquées (milliers de tonnes)	Parcours moyen (kilomètres)	Parcours total (millions de tonnes kilométriques)
Combustibles minéraux	13.071	229	2.993
Matériaux de construction	17.096	71	1.210
Engrais et amendements	1.553	80	124
Matières premières de la métallurgie (minerais, castine, etc.)	1.748	165	289
Bois à brûler embarqués	1.552	176	273
ou de service flottés	105	45	5
Métaux et machines	670	291	195
Produits industriels	1.500	278	417
Produits agricoles et denrées alimentaires	4.411	144	635
Divers	333	131	44
Totaux et moyennes	42.039	147	6.185

PROGRESSION DU TOTAL DES TRANSPORTS

1847	»	»	1.813
1865	»	»	2.059
1875	»	»	1.964
1885	19.573	125	2.453
1895	27.174	139	3.766
1905	34.030	149	5.085
1911	38.117	151	5.767
1912	40.811	143	5.850
1913	42.039	147	6.185

TRAFIC MOYEN SUR CERTAINES LIGNES EN 1913

	Longueurs	Tonnes
Seine, de Conflans à Rouen	171 km.	3.803.000
Oise canalisée	104	4.785.000
Canal de la Marne au Rhin	210	1.530.000
Canal de l'Est (branche Nord)	272	985.000
Canal latéral à la Loire	219	910.000
Rhône, de Lyon à Arles	287	281.000
Canal du Midi	240	139.000
Trafic du port de Paris Arrivages		9.049.000
Expéditions		3.735.000

NAVIGATION MARITIME

PORTS DE MER

Nombre total d'après la statistique douanière . . 188

DÉPENSES D'ÉTABLISSEMENT (1)

De 1822 à 1836, moyenne annuelle . . 3 millions
    1837 à 1859   —   —   . . 8 —
    1860 à 1878   —   —   . . 14 —
    1879 à 1887   —   —   . . 34 —
    1888 à 1905   —   —   . . 18 —
    1906 à 1910   —   —   . . 22 —

En ajoutant à ces dépenses 125 millions pour les travaux exécutés dans les estuaires des grands fleuves, en vue de faciliter l'accès des ports maritimes de Rouen, Nantes, Bordeaux, et pour la construction du canal d'Arles à Saint-Louis, on trouve, pour cette période, un *total général* d'environ 1.400 millions, non compris les dépenses faites pour l'outillage par les Chambres de commerce et par les concessionnaires, qui doivent atteindre près de 200 millions.

Dépenses en 1911 : 35,6
        —   *1912* : 46,3
        —   *1913* : 43,5

DÉPENSES D'ENTRETIEN ET D'ADMINISTRATION (1)

Dépense annuelle, personnel compris : environ 15 millions

RECETTES ANNUELLES (1912)

Péages	Droit de quai	12.700.000
	Taxes locales	18.200.000
Droits divers sur la navigation. . .		400.000
Taxes sanitaires et droit de visite . .		3.150.000
Timbres des connaissements . . .		2.700.000
Revenus domaniaux (environ) . .		1.500.000
TOTAL GÉNÉRAL. . .		38.650.000

(1) Y compris les frais du service des phares et balises, et aussi ceux du service sanitaire dans les ports atteignant environ 500.000 francs par an.

TRAFIC DES PORTS FRANÇAIS EN 1913

CABOTAGE (1)

MOUVEMENT DES NAVIRES

Navires chargés	Nombre de navires	Jauge nette (tonneaux)	Poids des cargaisons (tonnes)
Petit cabotage { Océan	43.057	3.264.000	2.139.000
Petit cabotage { Méditerranée	8.885	3.016.000	847.000
Grand cabotage	256	384.000	250.000
TOTAUX	52.198	6.664.000	3.236.000
Navires sur lest	17.262	1.575.000	
TOTAUX	69.460	8.239.000	
Navigation à vapeur (2)	20.481	5.373.000	1.370.000

MARCHANDISES TRANSPORTÉES

Matériaux de construction	669.000 tonnes
Houille et coke	291.000 —
Minerais, pierres et terres servant aux arts et métiers	190.000 —
Pétroles et bitumes	121.000 —
Métaux et ouvrages en métaux	201.000 —
Bois communs et exotiques	135.000 —
Grains et farines	300.000 —
Vins, cidres, bières, eaux-de-vie et futailles vides	315.000 —
Sucre brut et raffiné	137.000 —
Sel marin	91.000 —
Divers	786.000 —
Total	3.236.000 tonnes
Mutations d'entrepôt par mer	234.000 —
TOTAL GÉNÉRAL	3.470.000 tonnes

Chargement moyen des navires chargés, non compris les mutations d'entrepôts :

486 kilogrammes par tonneau de jauge nette pour l'ensemble ;

295 kilogrammes par tonneau de jauge nette pour les navires à vapeur seuls.

(1) Réservé au pavillon français.
(2) Chiffres compris dans les totaux ci-dessus.

RELATIONS DE L'ENSEMBLE DES PORTS FRANÇAIS AVEC L'ÉTRANGER ET LES COLONIES EN 1913

PAYS DE PROVENANCE OU DE DESTINATION (1)	ENTRÉE NAVIRES		ENTRÉE CARGAISONS		SORTIE NAVIRES		SORTIE CARGAISONS	
	NOMBRE	JAUGE NETTE (milliers de tonneaux)	POIDS (milliers de tonnes)	VALEUR (millions)	NOMBRE	JAUGE NETTE (milliers de tonneaux)	POIDS (milliers de tonnes)	VALEUR (millions)
Navires chargés								
Algérie et Tunisie	2.308	2.779	1.976	426	2.019	2.341	1.487	724
Angleterre	16.214	10.877	14.255	1.360	11.033	7.457	2.359	2.450
Autres pays d'Europe et de la Méditerranée	7.731	9.124	7.350	5.472	6.282	8.440	2.804	2.734
Long cours	3.665	11.729	6.412		2.377	8.171	1.370	
Totaux	29.918	34.509	30.493	7.258	21.664	26.109	7.707	5.605
Navires sur lest	2.439	736			10.706	9.470		
Escales (3)	3.480	4.023			3.546	4.136		
Totaux généraux	35.837	39.268	6.811	2.826	35.943	39.715		3.202
Détails sur les navires chargés								
Part du pavillon français	8.167	8.308			7.263	7.473	3.773	
Navigation à vapeur, totale	27.415	33.909			18.650	25.757		
pavillon français	6.688	8.032			5.914	7.318		

(1) Tout navire desservant les relations de la France avec plusieurs pays est porté au compte du pays le plus éloigné ; les cargaisons sont portées d'après leur origine ou leur destination réelle.
(2) Non compris les provisions de bord prises en France, qui représentent { 1.780 mille tonnes valant 69 millions pour les navires français.
{ 364   14   étrangers.
(3) Tous les autres chiffres du tableau ne comprennent qu'une fois les navires venant de l'étranger ou des colonies ou y allant toutchent plusieurs ports français ; il faut donc compter à part les escales faites dans les ports français autres que le premier, pour avoir un total complet. Les marchandises importées et exportées par les navires faisant escale ne sont pas données à part dans les statistiques.

RELATIONS DES PORTS FRANÇAIS AVEC L'ÉTRANGER ET LES COLONIES EN 1913

NATURE DES MARCHANDISES TRANSPORTÉES

Catégories de produits	Nombre de tonnes Importées	Exportées
Produits animaux	635.000	208.000
Farineux alimentaires.	4.029.000	618.000
Bois communs et exotiques	2.055.000	1.006.000
Fruits et graines	1.292.000	188.000
Boissons.	1.032.000	261.000
Denrées coloniales et sucres	431.000	330.000
Autres produits végétaux.	1.338.000	649.000
Houilles et cokes	14.342.000	2.207.000
Pétroles et goudrons de houille . . .	1.100.000	58.000
Minerais.	538.000	1.094.000
Métaux	715.000	486.000
Autres produits minéraux.	1.655.000	1.325.000
Produits chimiques	599.000	367.000
Autres produits fabriqués.	432.000	1.064.000
TOTAUX (1). .	30.193.000	9.861.000

Poids moyen des marchandises embarquées ou débarquées en France, par tonneau de jauge nette, pour l'ensemble des navires chargés.

Entrée	875	kilogr.
Sortie { non compris les provisions de bord .	296	—
{ y compris les provisions de bord . .	378	—

VOYAGEURS TRANSPORTÉS

(Entrées et sorties réunies)

Régions de provenance ou de destination	Nombre total	Sous pavillon français
Angleterre et Iles Anglo-Normandes . .	1.284.000	231.000
Corse, Algérie, Tunisie, Espagne et Italie.	451.000	414.000
Levant, Asie, Océanie, Côte Orientale d'Afrique	196.000	113.000
Amérique, Côte Occidentale d'Afrique. .	325.000	209.000
TOTAUX. . .	2.256.000	967.000

(1) Y compris les provisions de bord.

TRAFIC DES PRINCIPAUX PORTS EN 1913

Cabotage et trafic international réunis

PORTS	NAVIRES chargés et sur lest Entrées (1) (tonneaux de jauge nette)	MARCHANDISES Entrées et sorties (tonnes)	VOYAGEURS de ou pour l'étranger et les colonies
Marseille	10.561.000	9.516.000	587.000
Le Havre	5.406.000	4.434.000	232.000
Bordeaux (2)	3.694.000	4.821.000	41.000
Rouen	2.706.000	5.761.000	»
Dunkerque	2.530.000	3.699.000	»
Calais	1.285.000	1.073.000	410.000
Boulogne	3.617.000	988.000	513.000
Cherbourg	4.646.000	270.000	74.000
Nantes	1.178.000	2.012.000	»
Saint-Nazaire	1.105.000	1.885.000	9.000
La Rochelle-LaPall	1.231.000	1.027.000	7.000
Cette	1.178.000	1.061.000	12.000
Dieppe	605.000	622.000	233.000
Caen	328.000	1.126.000	»
St-Malo-St-Servan	441.000	690.000	53.000
Bayonne	360.000	1.027.000	»
Port-Vendres	366.000	115.000	47.000
Autres ports	6.270.000	6.867.000	38.000
TOTAUX	47.507.000	46.994.000 (3)	2.256.000

(1) Mouvement total à l'entrée, y compris les escales.

(2) Nous avons réuni au trafic de Bordeaux le trafic international relevé par la douane à Pauillac, parce que les navires venant de l'étranger sont mis en déclaration indifféremment à l'un ou à l'autre port ; le cabotage de Pauillac ne comprend guère que le trafic intérieur entre la rade et Bordeaux, de sorte que nous ne l'avons pas porté en compte.

(3) Dans ce total (qui comprend les provisions de bord) entrent 3.470.000 tonnes de marchandises transportées par le cabotage, qui sont comptées à la fois au port d'entrée et au port de sortie.

PROGRESSION DU TRAFIC DE L'ENSEMBLE DES PORTS MARITIMES FRANÇAIS

ANNÉE	CABOTAGE		NAVIRES chargés et sur lest. MOYENNE des entrées et sorties (1)	TRAFIC AVEC L'ÉTRANGER ET LES COLONIES				PART DU PAVILLON FRANÇAIS dans le mouvement total			COMMERCE GÉNÉRAL DE LA FRANCE PAR TERRE ET PAR MER (entrées et sorties)	
	NAVIRES chargés et sur lest. Entrées ou sorties	POIDS des marchandises transportées		TRANSPORTS PAR MER				des navires Tonnage	des marchandises		Poids	Valeur
				IMPORTATIONS		EXPORTATIONS (2)			Poids	Valeur		
				Poids	Valeur	Poids	Valeur					
	Milliers de tonneaux	Milliers de tonnes	Milliers de tonneaux nets	Milliers de tonnes	Millions de francs	Milliers de tonnes	Millions de francs	0/0	0/0	0/0	Milliers de tonnes	Millions de francs
1845	3.390	2.206	2.334	»	873	»	863	36	0/0	46,5	»	2.427
1855	3.392	2.232	3.545	»	1.412	»	1.692	38	»	44,5	»	4.327
1865	3.698	2.223	5.255	4.761	2.324	2.568	3.000	40	42	46,5	15.665	7.614
1875	3.977	2.022	8.358	7.781	2.893	3.539	3.207	32,5	33	41	21.328	9.269
1885	5.009	2.145	13.010	12.041	3.317	3.692	2.668	35,5	34	44,5	28.140	8.889
1895	6.648	2.872	13.955	13.789	3.457	5.278	3.176	30,5	33	50	33.278	9.509
1905	7.953	3.318	22.058	17.650	4.144	7.290	3.988	25	33	46,5	44.127	12.363
1911	8.160	3.331	30.683	27.002	6.670	7.792	4.889	24	30,5	51	63.580	17.822
1912	7.993	3.192	31.388	26.305	6.951	8.883	5.363	24,5	32	48	67.069	49.417
1913	8.239	3.236	35.412	30.493	7.258	9.861	5.686	24	31	47	74.811	19.984

(1) En ne comptant qu'une fois les navires ayant fait escale successivement dans plusieurs ports français.
(2) Y compris les provisions de bord.

TRAFIC MARITIME DES DIVERS PAYS

DÉVELOPPEMENT COMPARÉ
du mouvement des navires venant de l'étranger et des colonies.

TONNAGE TOTAL A L'ENTRÉE DES PORTS DES PRINCIPAUX PAYS

Navires chargés et sur lest

(Milliers de tonneaux de jauge nette)

PAYS	1865	1875	1885	1895	1905	1911	1912	1913
Angleterre (1)	14.318	22.693	31.862	40.002	55.624	69.165	76.194	82.149
France (1)	5.228	8.270	12.791	13.779	21.887	30.484	31.302	35.245
Allemagne (1)	»	5.381	8.254	12.032	19.113	24.711	25.490	27.402
Belgique	921	2.411	4.072	6.868	11.616	15.907	16.354	16.907
Hollande	1.472	2.326	4.137	6.773	11.742	15.470	17.336	18.125
Suède	»	2.920	4.536	6.117	9.113	11.634	12.684	13.764
Norvège	1.417	1.806	2.360	2.624	4.062	5.126	5.426	5.766
Danemark	516	1.874	3.106	4.212	6.842	8.555	9.193	»
Rus. d'Eur. (2)	2.327	4.096	5.403	9.576	10.852	13.943	12.184	16.478
Autr.-Hong. (3)	3.182	4.313	6.664	2.885	5.362	6.282	6.700	7.500
Italie (4)	3.256	3.833	5.903	8.259	20.131	25.830	28.102	29.287
Espagne (5)	1.411	2.941	7.469	12.902	16.595	20.998	22.689	25.790
Portugal	»	»	3.648	6.258	13.280	17.742	21.746	24.568
Etats-Unis (6)	6.161	11.693	12.288	16.725	24.793	32.457	34.659	37.973

(1) Le nombre donné pour le trafic international de 1912, en Angleterre, a été sensiblement grossi par un changement réalisé dans la tenue des statistiques. Le mouvement du cabotage (navires chargés et sur lest) s'est élevé, en 1913, aux chiffres suivants :

Angleterre . . . . 65.274.000 tonneaux
France . . . . 8.239.000 —
Allemagne . . . . 7.670.000 —

(2) Avec les ports caucasiens de la mer Noire depuis 1895 ; sans la Finlande.
(3) Autriche, plus le port de Fiume ; les chiffres de 1865, 1875 et 1885 comprennent le cabotage ; l'application du même mode de calcul en 1895 aurait donné 11 millions de tonneaux environ. Évaluation pour 1912 et 1913.
(4) Les bases des statistiques italiennes ont été modifiées, depuis 1895, par l'introduction des escales des compagnies étrangères, laissées jusque-là en dehors. L'application à 1895 du mode de calcul adopté en 1905 aurait donné un mouvement d'environ 11 millions de tonneaux.
(5) Les navires qui font plusieurs escales dans le pays sont comptés pour chacune d'elles.
(6) Année finissant au 30 juin. — Non compris le trafic des lacs

DÉVELOPPEMENT COMPARÉ
du trafic des principaux ports de l'Europe occidentale

TONNAGE TOTAL DES NAVIRES CHARGÉS ET SUR LEST A L'ENTRÉE

(Milliers de tonneaux de jauge nette)

PORTS (1)	1865	1875	1885	1895	1905	1911	1912	1913
Marseille ..	1.770	2.534	4.053	4.479	7.764	9.770	9.650	10.561
Le Havre ..	920	1.672	2.334	2.552	3.884	4.959	5.064	5.406
Bordeaux (2).	727	1.096	1.665	1.646	2.052	2.916	3.050	3.694
Dunkerque..	377	645	1.071	1.343	2.071	2.408	2.235	2.530
Liverpool ..	4.300	6.430	7.667	8.675	11.051	14.713	15.147	15.575
Londres (3) .	6.800	8.804	12.204	14.991	17.489	19.663	18.747	20.088
Anvers ...	650	1.835	3.443	5.322	9.817	13.350	13.750	14.150
Rotterdam..	850	1.650	2.120	4.180	8.340	11.200	12.150	12.785
Amsterdam .	400	410	980	1.280	2.060	2.600	2.860	3.000
Brême (4) ..	477	846	1.289	2.183	3.350	4.515	4.850	5.200
Hambourg..	1.223	2.118	3.704	6.255	10.382	13.176	13.570	14.240
Gênes....	1.200	1.512	2.675	3.852	6.445	7.419	7.105	7.090

(1) Les navires faisant escale dans plusieurs ports du pays n'étaient comptés qu'au premier, en France jusqu'en 1895 et en Angleterre jusqu'en 1905 : les entrées de navires ayant déjà fait escale, qui sont comprises pour la première fois dans les chiffres du présent tableau concernant les ports français en 1905 et qui ont été publiés pour la première fois, en ce qui concerne les ports anglais, en 1907, ont atteint, pour ces années :
Ports :   Marseille   Le Havre   Bordeaux   Dunkerque   Liverpool   Londres
Tonneaux :   317.000   405.000   261.000   214.000   2.692.000   1.016.000

Pour les ports étrangers, les chiffres de 1865 sont approximatifs, les statistiques publiées à cette date n'étant pas dressées comme les plus récentes.
(2) Pour Bordeaux, voir la note 2, page 28.
(3. L'Administration de la Tamise et des docks de Londres a été transférée à une autorité spéciale unique en 1909.
(4) Ensemble des navires entrés dans les divers ports de la Weser pour le compte des maisons de Brême. Chiffre approximatif pour 1913.

TRAFIC DU CANAL DE SUEZ (1)

ANNÉES	Nombre de navires passés	Tonnage net (milliers de tonneaux)	Nombre de passagers (milliers)	Recettes du transit (millions)
1875.....	1.494	2.010	84	27
1885.....	3.624	6.336	206	62
1895.....	3.434	8.448	216	78
1905.....	4.116	13.134	253	113
1911.....	4.969	18.325	275	134
1912.....	5.373	20.275	266	136
1913.....	5.085	20.033	282	126

(1) La taxe par tonneau de jauge nette s'élevait à 13 francs en 1875, à 9,50 en 1885 et en 1895, à 8,50 en 1905, à 7,25 en 1911, à 6,75 en 1912 et à 6,25 en 1913.

CHEMINS DE FER ET TRAMWAYS

SITUATION DU RÉSEAU FRANÇAIS

LONGUEUR DES LIGNES

AU 31 DÉCEMBRE 1913

CATÉGORIE DES VOIES. *Chemins de fer d'intérêt général.*	Longueur exploitée Kilomètres	Longueur concédée Kilomètres
Grandes Compagnies (1)	30.450	32.400
Compagnies secondaires (2)	1.400	1.650
Réseau d'Etat	8.950	9.300 (3)
TOTAL	30.800	43.350
Chemins de fer d'intérêt local et tramways :		
avec service de petite vitesse (2)	18.000	22.700
sans service de petite vitesse (4)	2.900	2.950
TOTAL GÉNÉRAL (5)	61.700	69.000
Lignes simplement classées, environ		800

NOTA. — Les longueurs sont données déduction faite des doubles emplois résultant des emprunts des voies d'une compagnie par une autre administration exploitante.

(1) Y compris : 1° les deux ceintures ; 2° 180 kilom. de lignes concédées à de petites compagnies, qui sont exploitées par celle de l'Est.

(2) Lignes à voie étroite, en majeure partie. Les chiffres comprennent 32 kilomètres de lignes d'intérêt général dans l'Isère et 400 kilomètres de lignes d'intérêt local dans la Côte-d'Or exploités en régie.

(3) Y compris toutes les lignes classées comme d'intérêt général dans la région desservie par le réseau de l'Etat.

(4) Y compris le chemin de fer métropolitain de Paris, les chemins de fer funiculaires ou à crémaillère, les tramways qui transportent des messageries sans faire le service de la petite vitesse et ceux où le service de petite vitesse, bien que prévu par l'acte de concession, ne fonctionne pas en fait.

(5) Non compris 400 kilomètres environ de *chemins de fer industriels et miniers*, dont 117 ouverts au service public, et 450 kilomètres environ de *voies ferrées établies sur les quais des ports*.

DÉPENSES D'ÉTABLISSEMENT

AU 31 DÉCEMBRE 1913

Lignes d'intérêt général : Millions

Dépenses faites au 1er janvier 1913, sur les lignes d'intérêt général qui étaient en exploitation à cette date ou qui ont été ouvertes en 1913
- par l'État (1) 7.993
- par les Compagnies (2) . . 11.925
- par les localités 267

Total 20.185

Dépenses faites au cours de l'année 1913, sur les lignes en exploitation ou en construction 680

Dépenses faites antérieurement à 1913, sur les lignes encore en construction à la fin de cette année, environ . . 200

Chemins de fer d'intérêt local et tramways (3).
- Avec service de petite vitesse. 1.180
- Sans service de petite vitesse. 1.600

Total général 23.845

Dans ce chiffre, le *matériel roulant* entre pour plus de 4 milliards.

(1) Y compris 1.926 millions dépensés par l'ancienne Cie de l'Ouest. — 100 millions qui avaient été dépensés par la Cie d'Orléans sur les lignes cédées par elle en 1883 à l'État et dont le budget supporte en partie les charges, sous la forme d'une annuité due comme soulte pour les échanges de lignes réalisés par la convention passée à cette époque, — enfin les dépenses prises à leur charge par les grandes Compagnies, en remboursement d'avances reçues de l'État par le jeu de la garantie d'intérêts, savoir : Est 133 millions. Orléans 210, Midi 34 (avances antérieures à 1883) et P.-L.-M. 151 millions (avances postérieures à 1883).

(2) Les dépenses des Compagnies comprennent les intérêts des capitaux engagés, pendant la construction, et même les insuffisances ajoutées au compte d'établissement pendant les premières années d'exploitation, quand les conventions l'autorisent. Les dépenses des anciennes compagnies évincées n'y figurent pas, les sommes qui leur ont été versées pour la reprise de leurs lignes étant seules comptées dans les dépenses soit des Compagnies, soit de l'État, suivant les cas.

(3) Les chiffres comprennent une partie des dépenses faites sur les lignes non ouvertes à l'exploitation faisant partie de réseaux partiellement exploités pendant l'année, notamment pour le Nord-Sud et le Métropolitain de Paris. Ils ne comprennent pas la partie des dépenses faites par les anciennes Compagnies évincées qui ne leur a pas été remboursée par les Compagnies qui leur ont succédé, ni les dépenses qui ont été rayées du compte d'établissement de certaines Compagnies ; le capital des tramways de Paris a été ainsi réduit d'environ 72 millions, soit par des faillites anciennes, soit par des réductions du capital des Compagnies en mauvaise situation.

CHARGES ET BÉNÉFICES DE L'ÉTAT
provenant des chemins de fer et tramways
EXERCICE BUDGÉTAIRE 1913

TRAVAUX NEUFS A LA CHARGE DE L'ÉTAT	Réseaux de l'Etat . . .	54 millions
	Avances des Compagnies.	54 —
	Réseaux secondaires . .	2,5 —

DÉPENSES ANNUELLES

Frais généraux de contrôle	5 millions
Intérêts de capitaux empruntés directement pour travaux et subventions en capital (1)	93 —
Annuités versées aux compagnies ou à l'administration des chemins de fer de l'Etat, pour travaux à la charge de l'Etat ou pour échanges de lignes (2). .	130 —
Déficit de l'ancien réseau de l'Etat (3)	7,5 —
Déficit du réseau racheté de l'Ouest	76,5 —
Garanties d'intérêts aux réseaux d'intérêt général pour les années antérieures (4)	18 —
Garanties d'intérêts aux réseaux d'intérêt local et aux tramways	12,5 —
TOTAL DES DÉPENSES ANNUELLES. . .	342,5 —

RECETTES ET ÉCONOMIES ANNUELLES

Remboursement d'avances de garantie et partage de bénéfices avec l'Est		5 millions
Remboursement des frais de contrôle		5 —
Impôts sur les transports	Voyageurs et bagages	91 —
	Timbre des récépissés	49 —
Impôts sur les titres (ancien Ouest compris)	Timbre	12 —
	Droits de transmission . .	19 —
	Impôt sur le revenu . . .	33 —
Economies pour les services publics	Postes et télégraphes . . .	78 —
	Militaires et marins . . .	48 —
	Douanes et Contributions indirectes.	4 —
	TOTAL . . .	344 millions

(1) Chiffre résultant d'un calcul fait en 1894 par l'Inspection des Finances, diminué des charges qui, en exécution de la loi du 13 juillet 1911, doivent être soit mises à la charge de l'ancien réseau de l'Etat, soit considérées comme des annuités versées à cet ancien réseau par assimilation avec ce qui se fait pour les compagnies en vertu des conventions de 1883.

(2) Non compris l'annuité servie à la Compagnie de l'Est pour la partie de son réseau qui a été cédée à l'Allemagne en 1871, partie dont le prix a été compris dans l'indemnité de guerre, — et déduction faite d'une annuité payée à la Compagnie P.-L-M. pour ses lignes algériennes.

(3) Le montant des charges incombant au réseau d'Etat par application d'un régime analogue à celui des Compagnies, arrêté à près de 18 millions pour 1913, après accord entre la Direction de ce réseau et le Ministère des Travaux publics, a été ajouté à ses dépenses pour le calcul du déficit.

(4) Les versements faits par le Trésor aux Compagnies en 1913 ont eu pour objet : 1° le paiement d'acomptes sur les sommes dues pour l'année d'exploitation 1912 ; 2° le règlement des soldes afférents aux années d'exploitation antérieures définitivement réglées.

ÉLÉMENTS PRINCIPAUX DU TRAFIC

CATÉGORIES de transports	Nombre d'unités transportées (1) (Millions de têtes, de pièces ou de tonnes)	Parcours moyen (1) (Kilom.)	Parcours total (Millions de tonnes ou de voyageurs kilométriques)	Tarif moyen par kilomètre (Centimes)	Recette brute (Millions de francs)

1° CHEMINS DE FER D'INTÉRÊT GÉNÉRAL
(ANNÉE 1913)

Voyageurs.	547,9	35,4	19.410	3,43	666,3
Excédent de bagages et chiens (2).	0,6	»	»	»	26,1
Colis postaux (pièces). .	72	»	»	»	55,9
Messageries et animaux en grande vitesse (3).	4,7	»	»	»	153,7
Marchandises à la tonne en petite vitesse .	208	124,4	25.886	4,12	1.067,4
Animaux et voitures en petite vitesse (3) . .	3	129	398	»	55,4
Recettes annexes (locations de matériel, factage et camionnage, péages encaissés, etc).	»	»	»	»	31,8
TOTAL DES RECETTES . .					2.056,6

2° CHEMINS DE FER D'INTÉRÊT LOCAL ET TRAMWAYS
(ANNÉE 1912)

Avec service de petite vitesse					
Voyageurs	73,8	11	793	4,94	36,4
Accessoires de G. V. .	0,3	»	»	»	5,9
Marchandises P. V. . .	143	19	273	9,60	26,2
Accessoires P. V. (3). .	0,2	»	5	»	1,5
Recettes diverses. . . .	»	»	»	»	1,5
TOTAL DES RECETTES .	»	»	»	»	71,5
Sans service de petite vitesse					
Voyageurs	1.596	»	»	»	196
Recettes acc. et div. . .	»	»	»	»	5

(1) Voir note 1, p. 38.
(2) Non compris 860.000 tonnes de bagages transportés en franchise.
(3) Nombres de tonnes calculés en faisant la conversion pour les voitures et animaux d'après une évaluation moyenne. Les recettes comprennent le produit du magasinage et des services accessoires.

RÉSULTATS DE L'EXPLOITATION DES RÉSEAUX D'INTÉRÊT GÉNÉRAL EN 1913

RÉSEAUX	LONGUEUR moyenne exploitée	CAPITAL D'ÉTABLISSEMENT (1)		RECETTES BRUTES (impôt déduit)				DÉPENSES d'exploi-tation	PRODUIT net (3)	COEFFI-CIENT d'exploi-tation	RECETTES par kilom.	TARIF MOYEN par kilomètre	
		Dépenses des Cies	État et localités	Voyag.	Access. G. V.	March. P. V.	Totales (2)					Voyag. (4)	March. P. V.
	kilom.	millions	millions	millions	millions	millions	millions	millions	millions	0/0	francs	centim.	centim.
État ancien	3.048	»	1.003	21,9	10,8	38,2	72	62	10	86,4	24.000	2,94	5,11
Ouest-État	6.034	»	3.100	104	28	112,5	251,2	214,7	36,5	85,7	41.800	3,24	4,89
Nord	3.840	2.007	404	107,2	31	193,3	336,1	206	130,1	64,3	87.500	3,42	3,60
Est	4.962	1.971	718	83,9	27,9	187,6	304,6	187,4	117,2	64,5	61.400	3,09	3,56
Orléans	7.790	2.447	932	103,2	41,6	163,1	309,8	183,5	126,3	59,2	39.800	3,57	4,40
P.-L.-M	9.685	4.466	1.105	188,4	80,3	319,8	596,2	339,7	256,5	57	61.600	3,85	4,18
Midi	4.057	1.221	598	51	14,4	82	150,4	83,8	66,6	55,7	37.400	3,47	4,45
Ceintures	158	107	36	3	0,8	16,5	20,6	20,9	-0,3	101,3	130.000	2,85	6,58
Réseaux sec.	1.386	234	136	3,7	0,8	9,6	15,7	9,3	6,4	58,9	11.300	3,83	8,61
Totaux (5)	40.750	12.453	7.732	666,3	235,6	1.122,8	2.056,6	1.307,3	749,3	63,4	50.500	3,43	4,12

(1) Voir note 2, page 40. Nous avons compris ici dans les dépenses des compagnies les sommes empruntées par elles pour les travaux payés à titre de remboursement de leur dette de garantie, de manière à faire apparaître le total des capitaux à rémunérer par chacune d'elles. Toutefois nous laissons en dehors les 159 millions empruntés par l'Est pour rembourser sa nouvelle dette, en 1911 et 1912, qui n'ont pas servi à couvrir les dépenses assumées par l'État pour les lignes concédées en 1883. Les dépenses des petites compagnies comprennent 19 millions afférents aux lignes exploitées par l'État ; celles de l'Ouest-État comprennent 26 millions afférents à la ligne d'Amiens à Rouen, exploitée par le Nord, et 52 millions afférents à la Ceinture rive gauche, exploitée par le syndicat des Ceintures.

(2) Y compris les recettes diverses, qui ne figurent pas dans les trois colonnes précédentes, et le produit net du service maritime de l'Ouest-État.

(3) Sur le produit net, l'Est a versé 1 million aux compagnies secondaires dont il exploite les lignes ; le Nord a versé 1.150.000 francs à l'Ouest-État pour sa part des recettes de la ligne d'Amiens à Rouen qui lui a été concédée en commun avec l'ancienne compagnie ; la participation au compte des Ceintures se solde par une petite perte pour la plupart des réseaux et par un léger bénéfice pour l'Est.

(4) Moyennes qui diffèrent de celles des statistiques officielles parce qu'elles comprennent les recettes supplémentaires faites en cours de route.

(5) La longueur est calculée déduction faite des doubles emplois résultant des emprunts des voies d'un réseau par les services d'un autre réseau.

SITUATION FINANCIÈRE DES GRANDES COMPAGNIES

RÉSEAUX	Nombre d'actions émises	DIVIDENDES résultant de la garantie	DIVIDENDES réserves avant partage	DIVIDENDES distribués pour 1913 (1)	VERSEMENTS du Trésor pour 1913 (2)	DETTE de garantie au 31 déc. 1913 capital	DETTE de garantie au 31 déc. 1913 intérêts	VALEUR d'achat du matériel (3)
	milliers	francs	francs	francs	millions	millions	millions	millions
Nord....	525	54,10	88,50	74	»	»	»	639
Est.....	584	35,50	50,50	37,50	— 2,6	»	»	579
Orléans...	600	56	72	59	17,5	179	101	490
P.-L.-M..	800	55	67,50	57		»	»	1.006
Midi....	250	50	60	50	0,9	209	128	270

(1) Dans le dividende distribué par le Nord entrent pour une vingtaine de francs environ les bénéfices des lignes belges. Celui de l'Orléans comprend 3 francs pris sur l'intérêt des réserves appartenant aux actionnaires.
(2) Avances de garantie ou partage de bénéfices, d'après les résultats de l'exploitation de 1913. Le signe — indique le partage des bénéfices avec l'État.
(3) Le matériel des deux réseaux d'État a coûté 644 millions et celui des Ceintures et des lignes secondaires d'intérêt général 44 millions.

SITUATION DU CAPITAL ET DES EMPRUNTS

	GRANDES COMPAGNIES (1) 31 décembre 1913		COMPAGNIES SECONDAIRES (2) 31 décembre 1912	
	actions	obligations	actions	obligations
Milliers de titres émis	3.059	46 242	3.964	1.856
Valeurs en millions				
Capital réalisé au 31 décembre..	1.470	16.491	1.054	763
Capital total à amortir	1.477	23 395	1 041	898
Capital amorti au 31 décembre.	235	4 550	58	64
Sommes consacrées aux dividendes ou intérêts.....	158	559	39	28
dans l'année à l'amortissement.	12	227	3	6
Capital réalisé par les émissions faites dans l'année	»	380	»	»

(1) Y compris les deux Ceintures et la Compagnie de l'Ouest en liquidation.
(2) Intérêt général, intérêt local et tramways. Chiffres réduits, pour les obligations, par le retranchement de 261.000 titres anciens de la Cie des Omnibus de Paris, représentant un capital de 126 millions entièrement amorti en 1910.

DÉTAILS STATISTIQUES SUR L'EXPLOITATION
DES CHEMINS DE FER FRANÇAIS D'INTÉRÊT GÉNÉRAL EN 1913

DÉCOMPOSITION DU TRAFIC (1)

VOYAGEURS	Nombre (millions)	Parcours total (millions de km.)	Recettes (2) (millions)
1re classe et places de luxe (3)	21,3	1.430	97,3
2e classe (3)	109	3.810	158,1
3e classe	417,6	14.160	402,5
TOTAUX	547,9	19.400	657,9

MARCHANDISES A LA TONNE EN PETITE VITESSE	Millions de tonnes	Parcours total (millions de km.)
Céréales et farines	13,6	»
Vins, esprits, boissons	9,2	»
Autres denrées alimentaires	9	»
Métaux	18 8	»
Matières premières et objets manufacturés	30,9	»
Matériaux de construction	32,1	»
Engrais et amendements	10	»
Divers	28,3	»
Houilles et cokes	56,1	5.649 (4)
	208	25.886

DÉCOMPOSITION DES DÉPENSES D'EXPLOITATION

CATÉGORIE	Dépenses totales (millions)	Par kilomètre de train (francs)
Administration centrale et secours	55,8	0,14
Caisses de retraites (5)	93	0,23
Exploitation et mouvement	409,7	0,99
Traction et matériel	500,2	1,21
Voie et bâtiments	228,6	0,55
Divers	20	0,04
DÉPENSES TOTALES	1.307,3	3,16
RECETTES D'EXPLOITATION	2.056,6	4,95

(1) Le nombre de voyageurs et de tonnes donné par les statistiques est le total des nombres relevés séparément sur chaque réseau ; les transports communs sont ainsi comptés comme autant de transports distincts qu'ils ont emprunté de réseaux, ce qui donne un nombre d'unités *supérieur* et un parcours moyen *inférieur* aux chiffres réels.

(2) Non compris les recettes supplémentaires, faites en cours de route et non réparties par classe, montant à 8.300.000 francs pour les trois classes réunies.

(3) Les voyageurs de la petite Ceinture et des lignes de la banlieue de Paris, sur lesquelles il n'existe pas de 3e classe, entrent dans le trafic total de la 2e classe pour près des deux tiers, comme nombre, et du cinquième comme parcours effectué, et dans celui de la 1re classe pour près de moitié comme nombre et du quinzième comme parcours.

(4) La recette due aux transports de houilles et cokes s'est élevée à 174 millions, faisant ressortir la taxe moyenne à 3 c. 07 par tonne kilométrique pour ces marchandises : elle est de 4 c. 41 pour l'ensemble des autres.

(5) Non compris 11 millions prélevés sur les bénéfices du Nord et du P.-L.-M., en dehors des versements réglementaires, pour combler l'arriéré des caisses de retraites, et 10 millions empruntés par les divers réseaux pour couvrir les charges de la rétroactivité imposée par la loi du 28 décembre 1911.

EFFECTIF DU MATÉRIEL; PARCOURS; CHARGEMENT DES TRAINS

NATURE DES VÉHICULES	NOMBRE	PARCOURS TOTAL (millions de kilom.)
Machines	14.344 (1)	518
Voitures à voyageurs	31.824	1.699
Fourgons et wagons	393.268	6.234

NATURE DES TRAINS	PARCOURS TOTAL (millions de kilomètres)
Trains de voyageurs	225,4
Trains mixtes	39,2
Trains de marchandises	145,8
Trains de service	3,2
TOTAL	413,6

VOYAGEURS (2)

Nombre moyen de places offertes par kilomètre de train : 360
— occupées — 78

MARCHANDISES EN PETITE VITESSE (2)

Nombre moyen de tonnes transportées, par kilomètre de train : 159.

PERSONNEL

SERVICES	EFFECTIF	Dans le total sont compris	
		FEMMES	AUXILIAIRES payés à la journée
Administrations centrales	3.317		
Mouvement et trafic	158.381		
Matériel et traction	104.799		
Voie et bâtiments	92.811		
TOTAL (3)	359.308	32.467	74.848 (3)

MATÉRIEL ET PERSONNEL
DES CHEMINS DE FER D'INTÉRÊT LOCAL ET DES TRAMWAYS EN 1912

NATURE DES VÉHICULES	Lignes avec service de petite vitesse	Lignes sans service de petite vitesse
Locomotives	1.860 (4)	150
Voitures à voyageurs automotrices	200	5.800
Voitures à voyageurs remorquées	4.800	4.000
Fourgons et wagons	20.200	100
PARCOURS DES TRAINS (millions de km.)	52	220
PERSONNEL (5)	25.100	44.700

(1) Y compris 250 voitures à vapeur ou machines-fourgons. La force totale de toutes les machines atteint 11.500.000 chevaux-vapeur.
(2) Les moyennes sont calculées en comptant le parcours des trains mixtes pour moitié dans celui des trains de voyageurs et pour moitié dans celui des trains de marchandises et en tenant compte du tonnage représenté par les voitures et les animaux en petite vitesse. Le nombre de places offertes dans les trains de voyageurs est calculé approximativement, d'après la capacité moyenne des véhicules et leur parcours annuel.
(3) Chiffre calculé en ramenant à l'année entière le nombre des journées payées.
(4) Force motrice, environ 300.000 chevaux-vapeur.
(5) Le personnel employé à Paris au service des Omnibus est confondu avec celui des tramways, qu'il grossit de 5.000 à 6.000 agents. Les chiffres donnés pour les lignes avec service de petite vitesse comprennent 3.500 femmes et 2.900 auxiliaires payés à la journée.

DÉVELOPPEMENT PROGRESSIF DU RÉSEAU FRANÇAIS D'INTÉRÊT GÉNÉRAL

ANNÉES	LONGUEUR moyenne exploitée (1)	CAPITAL d'établissement (2)	RÉSULTATS DE L'EXPLOITATION (3)				RECETTES par kilomètre exploité	RAPPORT du produit net au capital	PARCOURS TOTAL DU TRAFIC		TARIF MOYEN PAR KILOMÈTRE	
			RECETTES brutes	DÉPENSES	PRODUIT net	COEFF. d'exploit.			Voyageurs	Marchandises P. V. (4)	Voyag. (5)	March. P. V.
	kilomètres	millions	millions	millions	millions	0/0	francs	0/0	millions de voy. kil.	millions de tonnes kil.	centimes	centimes
1845	875	290	32	15,5	16,5	49	36.700	5,60	247	100	6,70	11,12
1855	5.000	2.300	259	111	148	43	51.800	6,40	821	1.547	5,91	7,65
1865	13.200	6.400	569	260	309	46	43.100	4,80	3.328	5.172	5,53	6,08
1875	19.350	8.700	848	426	422	50	44.000	4,80	4.786	8.436	5,24	6,06
1885	29.800	12.600	1.044	569	475	54	35.000	3,80	7.025	9.794	4,66	5,94
1895	36.200	15.300	1.247	668	579	54	34.400	3,80	10.657	12.898	3,85	5,16
1905	39.450	17.560	1.577	823	754	52	40.000	4,30	14.162	17.676	3,69	4,52
1911 (6)	40.500	19.280	1.900	1.188	712	62,5	47.000	3,70	17.580	23.288	3,50	4,19
1912	40.650	19.720	1.998	1.264	734	63	49.100	3,70	18.478	24.878	3,48	4,20
1913	40.750	20.185	2.056	1.307	749	63	50.500	3,70	19.410	25.886	3,43	4,12

(1) Déduction faite des doubles emplois résultant des parcours communs à plusieurs réseaux. Entre 1865 et 1875, nous avons perdu, avec l'Alsace-Lorraine, 738 kilomètres de lignes ayant coûté 325 millions et donnant 30 millions de recettes brutes.
(2) Dépenses faites au 1ᵉʳ janvier de chaque année sur les lignes qui étaient ouvertes à cette date ou qui ont été ouvertes à l'exploitation dans le courant de l'année.
(3) Non compris les recettes et dépenses appelées *annexes* dans les statistiques jusqu'en 1897.
(4) Marchandises à la tonne, non compris les animaux, voitures, etc.
(5) Moyenne calculée y compris les recettes supplémentaires et non compris l'impôt sur la G. V. (23,2 0/0 en sus du prix perçu par les Compagnies en 1875 et 1885, 12 0/0 les autres années).
(6) L'État a pris possession du réseau racheté de l'Ouest le 1ᵉʳ janvier 1909.

DÉVELOPPEMENT PROGRESSIF

des chemins de fer d'intérêt local et des tramways

ANNÉES	LONGUEUR moyenne exploitée (2)	CAPITAL d'établissement (3)	RÉSULTATS D'EXPLOITATION				RAPPORT du produit net au capital
			RECETTES brutes	DÉPENSES	PRODUIT net	COEFFIC. d'expl. (4)	
	kilomètres	millions	millions	millions	millions	0/0	0/0
LIGNES AVEC SERVICE DE PETITE VITESSE (1)							
1875	1.700	»	8	»	»	»	»
1885	1.800	230	10	9	1	90	0,45
1895	5.000	410	22,5	18,5	4	82	1.20
1905	11.000	740	47,5	37	10,5	78	1,40
1911	15.400	1.010	66	54,5	11,5	83	1,15
1912	16.650	1.080	71,5	60	11,5	84	1,10
1913	17.500	1.150	75	64	11	85	0,95
LIGNES SANS SERVICE DE PETITE VITESSE (1)							
1885	500	130	35	26	9	74	7,00
1895	850	190	50,5	40	10,5	79	5,50
1905	2.250	800	134	90	44	67	5,50
1911	2.800	1.300	193,5	123,5	70	64	5,40
1912	2.800	1.390	201	126,5	75	63	5,40
1913	2.850	1.460	203	126	77	62	5,30

(1) Le fait que le service de petite vitesse n'a pas été organisé, sur un certain nombre de lignes où il était prévu par le cahier des charges, a amené quelque incertitude dans le classement de ces lignes par les statistiques officielles ; nous avons fait la répartition approximative entre les deux catégories, pour les premières années, d'après divers renseignements. Nous avons, en outre, cherché à tenir compte des déductions nécessaires, dans les longueurs notamment, pour éviter les doubles emplois résultant des emprunts de certaines voies par plusieurs lignes distinctes.

(2) Un grand nombre de chemins de fer concédés d'abord à titre d'intérêt local ont été ensuite incorporés au réseau d'intérêt général. Les lignes d'intérêt local concédées avec service P. V. ont été ainsi réduites de 3.150 kilomètres entre 1876 et 1885, de 420 km. entre 1886 et 1895 et de 110 km. entre 1896 et 1905. La plupart de ces lignes étaient en exploitation, quand elles ont ainsi changé de régime.

(3) Le capital d'établissement représente les dépenses faites au 1er janvier de chaque année sur les lignes ouvertes à cette date, non compris les sommes perdues dans les liquidations et réductions de capital ; l'augmentation considérable pour les lignes sans service P. V., depuis 1895, résulte de la transformation de nombreux tramways auxquels la traction électrique a été appliquée, et de la construction des chemins de fer métropolitains de Paris ; ceux-ci entrent pour 632 millions dans le capital dépensé au 1er janvier 1913.

(4) Rapport des dépenses d'exploitation aux recettes brutes.

DÉVELOPPEMENT PROGRESSIF DE LA LONGUEUR

DES CHEMINS DE FER DU MONDE

PAYS	SUPERFICIE myriamètres carrés	LONGUEUR EXPLOITÉE A LA FIN DE L'ANNÉE milliers de kilomètres					
		1875	1885	1895	1905	1911	1912	1913
France (1) ..	5.350	21,5	32,3	41,4	51	56,3	57,9	58,8
Iles-Britanniques (2) ..	3.150	26,8	30,8	34,1	36,8	37,7	37,8	38,1
Allemagne (3).	5.450	28,2	37,6	47	65,4	73	74	75
Belgique (4) .	300	3,5	4,4	5,8	7,2	8,1	8,4	8,5
Hollande...	300	1,6	2,3	3	3,4	3,7	3,8	3,8
Suisse (5)...	400	2,0	2,8	3,5	4,3	4,7	4,8	5
Danemark..	400	1,2	1,7	2,2	3,2	3,8	3,8	3,8
Norwège...	4.400	0,6	1,5	1,8	2,5	3,1	3,1	3,1
Suède	3.200	3,5	6,9	9,7	12,7	14,1	14,2	14,4
Russie (6) ..	58.000	19,2	26,3	37,5	55	61,1	61,8	62,3
Autriche...	3.000	10,1	13,3	16,4	20,9	22,8	22,9	23
Hongrie...	3.200	6,4	9	13,9	18,1	21,1	21,5	21,8
Roumanie. .	1.300	0,9	1,3	2,6	3,2	3,6	3,6	3,7
Balkans (7).	4.500	1,5	2,5	4	6	7	7	7,1
Italie	2.830	7,7	10,6	15,5	16,3	17,2	17,4	17,6
Espagne...	5.000	6,1	8,9	12	14,4	15,1	15,3	15,4
Portugal...	900	0,9	1,5	2,2	2,6	3	3	3
Ensemble de l'Europe ..	101.700	141,7	193,7	252,6	323	355,7	360,3	364,4
Etats-Unis (9).	78.000	119	206	292	354	396	400	405
Surplus de l'Amérique du Nord ...	120.000	8	23	38	55	67	70	74
Amérique du Sud (10) .	185.000	8	20	39	55	77	81	85
Asie.....	440.000	10,5	22	43	81	105	107	108
Afrique...	300.000	2,5	7	13	26	40,5	43	44,5
Océanie...	110.000	3,5	13	22	28	32,5	35	35,5
Totaux ..	1.334.700	293,2	484,7	699,6	922	1073,7	1096,3	1116,4

Nota. — Voir les notes à la page 43, en face. — Le capital d'établissement était évalué à 142 milliards pour l'Europe, 174 milliards pour le reste du monde, à la fin de 1913, par l'Archiv für Eisenbahnwesen ; les chemins de fer d'Etat entraient dans la longueur totale, à cette date, pour 361 000 kilomètres.

DÉVELOPPEMENT PROGRESSIF DES RECETTES

DES CHEMINS DE FER DE L'EUROPE ET DES ÉTATS-UNIS

PAYS	POPULATION millions		Houille millions de tonnes extraites en 1913	RECETTES BRUTES DE L'EXPLOITATION millions de francs					
	1875	1913		1875	1885	1895	1905	1911	1912	1913
France (1)	36,7	39,7	41	856	1.054	1.270	1.625	1.966	2.070	2.132
Iles Britan.(2)	33	46	291	1.546	1.756	2.169	2.867	3.210	3.240	3.420
Allemagne(3)	43	67	279	1.054	1.238	1.870	3.105	4.184	4.454	4.556
Belgique (4)	5,3	7,6	23	128	157	202	290	366	386	(?) 400
Hollande	3,8	6,2	2	35	53	76	108	138	147	155
Suisse (5)	2,7	3,9	»	58	74	111	173	240	251	261
Danemark	1,8	2,8	»	14	18	33	62	83	95	97
Norwège	1,8	2,4	»	5	10	15	24	38	43	47
Suède	4,4	5,6	»	35	55	85	153	206	224	226
Russie (6)	85	150	33	382	626	1.055	1.776	2.448	2.650	2.870
Autriche	21	29,2	44	287	359	520	769	1.099	1.192	1.208
Hongrie	16	21,4	10	98	153	243	347	553	598	617
Roumanie	5	7,3	»	13	23	43	71	97	111	115
Balkans (7)	12	19	»	15	20	30	60	95	(?) 100	(?) 100
Italie (8)	27	35,4	1	146	214	260	416	600	630	645
Espagne (8)	16,5	20	4	109	162	205	301	363	393	400
Portugal (8)	4,2	6	»	9	22	33	53	64	68	69
Ensemble de l'Europe	319,2	469,5	728	4.790	5.994	8.220	12.200	15.750	16.652	17.318
Etats-Unis (9)	44	98	518	2.605	3.960	5.378	10.784	14.725	16.187	15.784

(1) Avec ceux des chemins de fer d'intérêt local et des tramways qui comportent un service de petite vitesse.
(2) Longueurs et recettes totales, sans les déductions mentionnées page 44.
(3) Avec tout le Luxembourg ; lignes d'intérêt général à voie étroite et d'intérêt local comprises : année commençant le 1ᵉʳ avril pour la plupart des lignes.
(4) Y compris les chemins de fer vicinaux transportant des marchandises.
(5) Y compris les chemins de fer funiculaires ou à crémaillère.
(6) Avec la Finlande et la Transcaucasie ; lignes d'accès aux réseaux principaux (intérêt local) comprises.
(7) Turquie, Bulgarie, Serbie, Grèce et Bosnie ; chiffres approximatifs.
(8) Les chiffres de 1911 à 1913 sont approximatifs. Pour l'Italie, les trois derniers chiffres se rapportent aux exercices commençant le 1ᵉʳ juillet.
(9) Sans l'Alaska. Recettes des exercices commençant au 1ᵉʳ juillet de l'année indiquée, à partir de 1895.
(10) Avec l'Amérique centrale et les Antilles.

RÉSULTATS DE L'EXPLOITATION DES CHEMINS DE FER DES PRINCIPAUX ÉTATS

PAYS	Longueur moyenne exploitée	CAPITAL d'établissement		RECETTES BRUTES (Impôts non compris)					DÉPENSES d'exploitation		PRODUIT net		PARCOURS TOTAL en kilomètres		TARIF MOYEN par km.	
		Total	par km.	Voya-geurs (1)	March. et ani-maux G.V. et P.V.	Diver-ses et annexe	Totales	par km.	Totales	Rapp. aux recett.	Total	Rapp. au capi-tal.	Voya-geurs.	March. P. V.	Voy. (1)	March. P. V.
	Kilom.	Millions	1.000 f.	Millions	Millions	Millions	Millions	1.000 f.	Millions	0/0	Millions	0/0	Millions	Millions	cent.	cent.
France 1913 (int. gén.)	40.750	20.185	495	666	1.358	32	2.056	50,5	1.307	63	749	3,70	19.440	25.886	3,43	4,12
Iles Britann. 1913 (2)	37.600	25.000	665	1.107	1.932	26	3.065	81,5	1.937	63	1.128	4,50	»	»	»	»
Allemagne 1913-14 (3)	60.800	24.055	395	1.220	2.910	312	4.442	73,1	3.054	69	1.388	5,75	41.210	59.521	2,96	4,30
Autriche 1913 (4)	22.900	8.440	370	294	850	64	1.208	52,7	915	75	293	3,50	8.466	15.434	3,47	5,14
Hongrie 1913 (4)	21.600	5.150	240	163	426	28	617	28,3	415	68	202	4,00	5.022	9.914	3,26	4,30
Russie 1911 (5)	53.900	16.475	306	439	1.740	235	2.414	44,8	1.428	59	986	5,98	20.467	50.801	2,15	3,42
Italie 13-14 (rés. d'Ét.) (6)	13.650	7.100	520	228	347	30	605	44,4	491	81	114	1,60	»	»	»	»
Belgique 1912 (int. gén.)	4.700	3.050	650	111	252	4	367	78,0	244	66	123	4,00	»	»	»	»
Suisse 1913 (7)	4.900	2.085	420	111	136	11	258	52,6	173	67	85	4,10	2.691	1.427	4,12	8,57
États-Unis 1913-14 (8)	398.000	85.000	210	3.632	11.751	401	15.784	39,7	11.398	72	4.386	5,20	56.760	421.000	6,38	2,60

(1) La taxe des voyageurs comporte la franchise pour un certain poids de bagage en France, en Angleterre, en Russie et aux États-Unis.
(2) Non compris les lignes urbaines électriques. Les recettes voyageurs ainsi que les dépenses sont diminuées de l'impôt versé à l'État, montant à 7 millions. La statistique de 1913 a été dégagée de tout ce qui concerne les services accessoires (hôtels, canaux, ports, bateaux, etc.) qui y figuraient auparavant, services généralement onéreux, assumés en vue d'attirer du trafic aux chemins de fer.
(3) Lignes à voie large d'intérêt général, chemins de fer Guillaume-Luxembourg compris.
(4) Lignes d'intérêt local à voie large comprises. Sans la Bosnie-Herzégovine. Capital calculé déduction faite des pertes sur les émissions.
(5) Non compris les lignes de la Russie d'Asie, celles de la Finlande, et les lignes d'accès (intérêt local), mais y compris le chemin de fer transcaucasien. Le parcours et la taxe moyenne pour les marchandises comprennent la GV avec la PV.
(6) Y compris les dépenses résultant des augmentations de salaires accordées par les Chambres au personnel et les recettes dues aux surtaxes spéciales établies pour y faire face, dépenses et recettes que l'État laisse en dehors de son compte général.
(7) Non compris les chemins de fer funiculaires, mais avec les chemins de fer à crémaillère. Le tarif moyen pour les marchandises est calculé G. V. comprise. Le capital comprend les subventions reçues, notamment pour la construction de la ligne du Gothard.
(8) Statistique ne comprenant que les Cies dont les recettes dépassent 518.000 francs par an. Le total des dépenses couvertes par le produit de l'émission des titres en circulation est de 79 milliards, le surplus ayant été payé sur les bénéfices ou par d'anciennes (Cies disparues.

POSTES, TÉLÉGRAPHES ET TÉLÉPHONES

NOMBRE DES CORRESPONDANCES ET DES OBJETS
TRANSPORTÉS EN 1913

Nature des correspondances	Trafic intérieur	Trafic international
Lettres de toutes catégories et cartes postales affranchies à 10 cent.	1.398 millions	115 millions
Valeurs déclarées et objets recommandés	85 —	4 —
Echantillons, journaux, revues, autres imprimés et cartes postales affranchies à 5 cent.	1.883 —	123 —
Objets de toute nature transitant en dépêches closes	»	271 —
Lettres et paquets transportés en franchise pour les administrations publiques	105 —	»
Valeur des mandats émis	3.844 —	128 —
Correspondances télégraphiques et pneumatiques.	67 millions	
Conversations téléphoniques	430 —	
Nombre de postes d'abonnés au téléphone — principaux	238.319 —	
Nombre de postes d'abonnés au téléphone — supplém.	67.527 —	

EFFECTIF DU PERSONNEL
AGENTS, SOUS-AGENTS ET OUVRIERS

En 1905 . . . . 88.100
En 1913 . . . . 116.000

ÉTENDUE DU RÉSEAU ÉLECTRIQUE
AU 31 DÉCEMBRE 1913

Fils télégraphiques. . . . . 365.535 kilomètres
Fils téléphoniques . . . . 896.581 —
Câbles sous-marins appartenant à l'Etat. 25.547 —

RÉSULTATS FINANCIERS

Développement progressif des Recettes et des Dépenses

Millions de francs

ANNÉES	RECETTES					DÉPENSES			PRODUIT NET
	Transports des Postes (1)	Télégraphes	Téléphones (2)	Mandats fonds de concours et divers	Total	Service général (3)	Remboursements Retraites (4)	Total	
1825...	»	»	»	»	28	»	»	13	15
1835...	»	»	»	»	37	»	»	23	14
1845...	»	»	»	»	54	»	»	35	19
1855...	»	»	»	»	57	»	»	39	18
1865...	77	9	»	3	89	46	3	49	40
1875..	117	18	»	4	139	59	4	63	76
1885...	132	27	»	10	169	110	8	118	51
1895...	170	36	10	13	229	142	12	154	75
1905...	250	44	23	26	343	220	14	234	109
1911...	260	56	35	31	382	286	20	306	76
1912...	267	57	43	44	411	318	22	340	71
1913...	273	57	56	46	432	336	22	358	74

(1) La taxe indépendante de la distance a été établie en 1848 et fixée, pour les lettres simples, à 0 fr. 20 ; elle a été relevée à 0 fr. 25 en 1871, puis abaissée à 0 fr. 15 en 1878 et à 0 fr. 10 en 1906.

(2) Non compris la partie des recettes des téléphones abandonnée aux localités pour couvrir les charges des fonds de concours fournis par elles pour l'établissement de certains réseaux, qui s'est élevée entre 14 et 16 millions de 1911 à 1913 ; les fonds de concours, remboursables en grande partie par ce procédé, figurent pour environ 11 millions dans les recettes de 1911 et pour 18 millions dans celles de 1912 et 1913.

(3) Non compris : 1° la valeur des transports effectués gratuitement par les chemins de fer, estimée à 78 millions en 1913 ; 2° la valeur des transports maritimes effectués gratuitement par les lignes postales subventionnées ; 3° les dépenses faites par de nombreuses communes pour assurer une meilleure distribution des correspondances, au moyen d'agents qu'elles paient.

(4) Nous portons en dépenses les retraites servies aux anciens agents, sous déduction du produit des retenues subies par les agents en service.

NOTA. — Le coût d'achat ou d'établissement des bâtiments, des lignes et du matériel exploités par l'administration des Postes et Télégraphes atteint près de 500 millions, dont la majeure partie a été imputée sur le budget ordinaire.

TABLE DES MATIÈRES

SUPPLÉMENT AU LIVRE IV

Commerce international

	Pages
Variation des valeurs en douanes en France de 1912 à 1913 . . .	3
Tableau général du commerce extérieur de la France en 1913 . .	4
Principaux éléments du commerce extérieur de la France en 1913 .	5
Commerce de la France avec les principaux États en 1913	6
Progression du commerce extérieur de la France depuis 1827 ; variations des valeurs en douane	7
Progression du commerce extérieur des principaux États depuis 1865.	8

Marine marchande

Effectif de la marine française au 31 décembre 1913 ; subventions données par l'État en 1913.	9
Progression de la marine française de 1845 à 1913	10
Progression de la marine des principaux pays de 1875 à 1913 . .	11

SUPPLÉMENT AU LIVRE V

Budget de la France

Recettes et dépenses de l'État, d'après les comptes de 1912, le budget et les comptes de 1913 et le budget de 1914	12
Dettes de l'État à la fin de 1913 : capital, intérêts et amortissement.	13
Revenu des biens et créances de l'État en 1913	13
Dettes des localités et des Chambres de Commerce au 31 décembre 1913.	13
Dépenses des divers services publics nationaux en 1913	14
Produit total des divers impôts nationaux et locaux en 1913 . . .	15
Progression du produit total des impôts en France de 1825 à 1913 ; répartition et rapport avec l'annuité successorale	16
Progression des dépenses publiques depuis 1869 ; déficits ou excédents réels de recettes résultant de l'ensemble des comptes de l'État.	17

SUPPLÉMENT AU LIVRE VI

Routes, chemins et rues

Routes nationales : longueur, dépenses d'établissement et d'entretien ; fréquentation en 1913	18
Routes départementales et chemins vicinaux : longueur, dépenses d'établissement et d'entretien ; subventions industrielles . . .	19
Rues de Paris : développement ; dépenses d'établissement et d'entretien ; produit des droits de stationnement.	20
Dépenses et recettes de l'État se rattachant aux transports sur les routes, chemins et rues	20

Navigation intérieure

État actuel et développement progressif des voies françaises . . .	21
Effectif de la batellerie de 1887 à 1912	21
Dépenses et recettes de l'État.	22
Trafic : composition en 1913 ; progression depuis 1847 ; mouvement moyen sur les lignes principales en 1913	23

Navigation maritime

	Pages
Ports maritimes français : nombre, dépenses d'établissement et d'entretien ; montant des recettes annuelles pour 1913.	24
Mouvement du cabotage dans les ports français en 1913 : tonnage des navires et poids des marchandises.	25
Mouvement de la navigation avec l'étranger et les colonies dans les ports français en 1913 : navires et marchandises	26
Nature des marchandises et voyageurs	27
Trafic de chacun des principaux ports français en 1913	28
Progression du trafic des ports maritimes français depuis 1845	29
Progression du trafic maritime international dans les principaux pays, de 1865 à 1913.	30
Progression du trafic des grands ports continentaux de l'Europe occidentale, de 1865 à 1913, et du canal de Suez, de 1875 à 1913	31

Chemins de fer et tramways

Situation du réseau français ; longueur des voies concédées et exploitées au 31 décembre 1913	32
Dépenses d'établissement au 31 décembre 1913	33
Charges et bénéfices de l'Etat en 1913.	34
Eléments principaux du trafic : lignes d'intérêt général en 1913 ; lignes d'intérêt local en 1912	35
Résultats de l'exploitation des divers réseaux français en 1913.	36
Situation financière des grandes Compagnies : capital-actions, dividende et dette envers l'Etat à la fin de 1913.	37
Situation du capital et des emprunts des Compagnies	37
Détails statistiques sur l'exploitation du réseau d'intérêt général français en 1913 : décomposition du trafic-voyageurs et marchandises ; décomposition des dépenses	38
Effectif et parcours du matériel en 1913 : parcours et chargement des trains ; effectif du personnel	39
Matériel et personnel des chemins de fer d'intérêt local et des tramways en 1912	39
Développement progressif du réseau français d'intérêt général depuis 1845 : longueur, capital, dépenses, recettes, trafic	40
Développement du réseau français de chemins de fer d'intérêt local et de tramways depuis 1875 : longueur, dépenses et recettes	41
Développement progressif de la longueur des chemins de fer dans l'ensemble du monde depuis 1875 ; superficie des divers Etats	42
Développement progressif des recettes des chemins de fer de l'Europe et des Etats-Unis depuis 1875 : population et production houillère des divers Etats.	43
Résultats de l'exploitation des chemins de fer dans les principaux pays du monde d'après la dernière statistique publiée ; longueur, capital, dépenses, recettes, trafic, taxes moyennes.	44

Postes, télégraphes et téléphones

Nombre d'objets transportés en 1913 ; personnel : lignes électriques.	45
Résultats financiers ; développement progressif des recettes et des dépenses depuis 1825	46

LAVAL. — IMPRIMERIE L. BARNÉOUD, ET Cie

www.ingramcontent.com/pod-product-compliance
Lightning Source LLC
Chambersburg PA
CBHW071755200326
41520CB00013BA/3263